書

他无视思想的束缚
和行为的清规
别人说他是坏小子
他给这个世界的社交
重构了定义
证得了自己的成功

Facebook创始人
马克·扎克伯格传

Mark Elliot Zuckerberg

张倩◎编著

时事出版社

图书在版编目（CIP）数据

Facebook 创始人马克·扎克伯格传 / 张倩编著. --
北京：时事出版社，2015.9（2016.5 重印）
ISBN 978-7-80232-879-2

Ⅰ. ①F… Ⅱ. ①张… Ⅲ. ①扎克伯格，M. —传记
Ⅳ. ①K837.125.38

中国版本图书馆 CIP 数据核字(2015)第 203640 号

出 版 发 行：时事出版社
地　　　址：北京市海淀区万寿寺甲 2 号
邮　　　编：100081
发 行 热 线：(010)88547590　88547591
读者服务部：(010)88547595
传　　　真：(010)88547592
电 子 邮 箱：shishichubanshe@sina.com
网　　　址：www.shishishe.com
印　　　刷：北京建泰印刷有限公司

开本：787×1092　1/16　印张：16　字数：210 千字
2015 年 9 月第 1 版　2016 年 5 月第 2 次印刷
定价：29.00 元

前言

preface

请把本书当成一部关于80后传奇创业家、硅谷领军人物、乔布斯接班人——马克·扎克伯格本人的传记和Facebook的成长书籍，而非三流的成功学励志书籍。本书旨在通过对详实资料的占有分析进而给大家呈现出较为真实和立体的扎克伯格——作为年轻有为的企业家、一个颇具个性的年轻和一个并非完人的普通人。当然，其中必不可少的部分是对Facebook的成长叙述，没有扎克伯格就没有Facebook，没有Facebook就没有扎克伯格，两者之间是互相成就的关系。

让我们简单介绍一下这本书的正确打开方式。

上篇：解锁马克·扎克伯格。虽然“脸书”没有进入中国，但我们对一手建立起社交网络帝国Facebook（脸书）的马克·扎克伯格并不陌生，他是一个时代的符号——跟比尔·盖茨、乔布斯等人一样成为了影响时代的灵魂人物。他的一举一动都能成为门户网站热捧的新闻题材。看看他身上这些闪闪发光的标签吧：财富英雄、少年天才、代码高手、高智商黑客、年轻的慈善家。他是一个谜，没有人能准确地把握他到底是怎样一个人。窥视者纷至沓来，长枪短炮对着他想一探究竟。我们想全方位地展现这位处于风口浪尖上的被大众和媒体随意涂抹的天才人物。他让人难以捉摸：他一方面彬彬有礼、懂得倾听，另一方面却坚持己见、毫不妥协；一方面他致力于重要关系的建立和维护，另一方面他容不得背叛和挑衅；一方面他拥有高度的事业心和经济敏感度，另一方面，他把理想和信念凌驾于金钱之上；一方面，他正在“尝试让这个世界变得更加开放”，另一方面，他内向且不喜欢媒体过多关注自己。

下篇：解锁 Facebook。了解马克·扎克伯格的钥匙是 Facebook。要知道它有多流行，先看一组数据：它拥有 10 亿左右的用户，流量在 2010 年 3 月已经超过 Google 的流量，成为全球流量最大的网站。所有的用户一个月花费 83 个小时在 Facebook 上。现在估值在 79 亿美元到 110 亿美元之间。这都证明了它的非凡魔力。它与马克·扎克伯格一起成长、一起完善、一起进步。没有一件事能一蹴而就，就像马克·扎克伯格在雅虎收购时所说的，FaceBook 是他的孩子，他想亲手养大他。

读这本书和了解马克·扎克伯格本人一样，是件见仁见智的事，如果能从任何一个点上对您有所启发，我们便会感到欣慰。

目录

contents

第一章　他是《社交网络》的男主角吗？

——NO

第一节　“关于性、金钱和欲望” ………………………… 005

第二节　扎克伯格性格悖论——大隐于市 ………………… 009

第三节　大家口中的“创业家” …………………………… 012

第四节　扎克伯格与 Facebook 互相成就 ………………… 016

第二章　来自中产家庭的人生赢家

——不平凡的“天才”成长之路

第一节　“意志坚强并且冷酷无情” ……………………… 023

第二节　扎克伯格是个“技术宅” ………………………… 027

第三节　善于恶作剧的“高冷”小孩 ……………………… 031

第四节　母校菲利普艾斯特中学的启示 …………………… 034

第三章　哈佛大学的著名黑客

——传奇人生的开端

第一节　一个好汉三个帮——物以类聚，人以群分 ……… 041

第二节　年轻人当中的头脑风暴 ………………………… 045

第三节　和温科吾斯兄弟的交集 ………………………… 049

第四节　Facebook 在众多社交网站中脱颖而出 ………… 052

第四章　聚会遇到MISS RIGHT

——“平凡的陈小姐”

第一节　普莉希拉·陈 …………………………………………… 059
第二节　一次终生难忘的邂逅 …………………………………… 063
第三节　他正在变得更加懂得社交 ……………………………… 068
第四节　扎克伯格的三次拒绝 …………………………………… 071

第五章　因人性而生的万人迷 Facebook

——席卷全球的社交网站

第一节　关于隐私，你想谈点什么 ……………………………… 076
第二节　Facebook 的强大号召力 ……………………………… 080
第三节　Facebook 上瘾症 ……………………………………… 084
第四节　Facebook 的特别之处 ………………………………… 089

第六章　扎克伯格和他的朋友们

——他们一直在努力

第一节　定制 Facebook 的鬼才 ……………………………… 094
第二节　商界女王——雪莉·桑德伯格 ………………………… 098
第三节　彼得·泰尔 ……………………………………………… 103
第四节　实用主义的交友观 ……………………………………… 105

第七章　欲带皇冠，必承其重

——背叛、质疑、谎言与官司

第一节　兄弟情深还是背信弃义 ………………………………… 112
第二节　有时候结果并不能尽善尽美 …………………………… 117
第三节　一些令人头痛的小补丁 ………………………………… 121

第八章 Facebook 的盈利模式
——赚钱是基本生存条件
第一节 精准的营销策略 …… 126
第二节 做大做好平台 …… 132
第三节 电子商务领域的尝试 …… 136

第九章 节制与进取
——探求马克·扎克伯格的人生哲学
第一节 内圣外王或者是外儒内道 …… 145
第二节 用产品阐述自己的商业哲学 …… 149
第三节 社交王国的“清教徒” …… 152
第四节 领袖气质不是一天炼成的 …… 156

第十章 敲响 13 亿人的大门
——“中国，我来了”
第一节 为进入中国一直在努力 …… 163
第二节 中国的竞争对手们：不得不说的微信 …… 167
第三节 人人网和开心网的“前世今生” …… 171
第四节 与 Google 争夺中国市场 …… 175

第十一章 不忘初心
——走向成熟的大企业家
第一节 工作中的扎克伯格 …… 180
第二节 从技术人才到管理人才 …… 186
第三节 挑战行业巨头 …… 190
第四节 不忘初心，改变世界 …… 195

第十二章　Facebook 的工作细节
——工程师文化
第一节　Facebook 靠什么激励人 …… 200
第二节　Facebook 的 SMART 原则 …… 204
第三节　无缝衔接的任务清单 …… 208
第四节　工程师眼中的“产品学” …… 211

第十三章　不按常理出牌
——Facebook 的“黑客式”做法
第一节　替黑客正名 …… 216
第二节　独当一面的黑客能力 …… 220
第三节　由黑客到领导者 …… 223
第四节　Facebook 的导师文化 …… 227

后记　扎克伯格对中国创业者的启示
附件 1　扎克伯格大事记 …… 235
附件 2　面对世界的宣言——来自扎克伯格的一封信 …… 240

第一章

他是《社交网络》的男主角吗？——NO

成功没有捷径。“开设一家像 Facebook 这样的公司，或是开发一款像 Facebook 这样的产品，需要决心和信念。所有值得做的事都是十分困难的。”

——马克·扎克伯格

虽然“Facebook”没有进入中国，但我们对一手建立起社交网络帝国 Facebook（脸书）的马克·扎克伯格并不陌生，他是一个时代的符号——跟比尔·盖茨、乔布斯等人一样成为了影响时代的灵魂人物。他的一举一动都能成为门户网站热捧的新闻题材，是一颗冉冉升起的商业新星。看看他身上这些闪闪发光的标签吧：财富英雄、少年天才、代码高手、高智商黑客、年轻的慈善家。他是一个谜，没有人能准确地把握他到底是怎样一个人。窥视者纷至沓来，长枪短炮对着他想一探究竟。

《社交网络》以马克·扎克伯格为原型。《社交网络》是好莱坞类型的片子，有美国式的个人奋斗史的烙印，以及跌宕起伏的故事情节。这个片子是以《Facebook：关于性、金钱、天才和背叛》为故事蓝本，马克建立网络帝国的起因是：马克·扎克伯格被女孩子甩了，然后怒火攻心利用黑客手段入侵了学校的系统，盗取了校内所有女生的资料，并制作了名为“Facemash”的网站供同学们对漂亮女孩进行评分，最后惹怒学校。Facemash 就是 Facebook 的雏形。

然后影片围绕着众多的矛盾展开：剽窃官司、个人隐私纷争、友谊和背叛、合作和终结。他烦透了《社交网络》的剧情，坚称自己不会去看。在奥普拉脱口秀节目上，认为其剧情全是子虚乌有、向壁虚造、捕风捉影。

充满悖论的马克·扎克伯格。马克是个让人捉摸不透的人物。在兴趣爱好一栏，马克填写了“极保守主义”、“革命”、“消除欲望”，这几个词语本身就因为矛盾性而产生张力。他基本吃素，只吃自己亲手宰杀的动物；他奉行简单生活哲学，将对物质的欲望降到最低；他对事业一丝不苟，尽可能把精力用于工作；他崇尚和智商高、有创造性的人在一起工作。他在精神本质上更接近乔布斯，在外人看来严谨到有些枯燥的工作生活方式才成就了惊人的事业版图。在外人看来，扎克伯格有点难接近，甚至有点不可理喻，他是外表内向和内心狂妄的奇怪结合体，也许只有他自己才知道自己是怎样的一个人。

他说：“凡是了不起的事情都需要大量的努力。”尽管有人将性、金钱、欲望等充满冲击力的字眼与他的社交网络帝国联系在一起，但是他的经历就如同说过的经典语录那般稳健和平实，不犀利个性，不故弄玄虚，告诉你成就传奇的只有辛勤的汗水，没有抛开梯子飞上去的潇洒，虽然他只用了五六年时间就搭建起自己的帝国。创业初期的真实情况是他不停地写代码、工作与人沟通，而不是做一些吸人眼球的出格行为。真是让怀有八卦之心的大众有点失望，哦，太平淡了，没有噱头，没有传奇。

——他来自于美国富裕中产阶级家庭，父亲是牙医，母亲是心理学医生。从小受到了良好教育。

——他结婚了，对方是谈了 9 年的华裔女友，并不十分漂亮。也就是说，他几乎没有绯闻。

——他物质生活简单不讲究，在租来的房子里度过了大半创业时光。

——他穿着普通，日常就是牛仔裤、T 恤和新百伦的鞋子。只是因为不愿意在穿什么和吃什么上花费太多时间。

——他没有豪车，代步车是丰田。

——他慷慨，很早就开始了慈善事业。

了解马克·扎克伯格的钥匙是 Facebook。要知道它有多流行，先看一组数据：它拥有 10 亿左右的用户，流量在 2010 年 3 月已经超过 Google 的流量，成为全球流量最大的网站。所有的用户一个月均花费 83 个小时在 Facebook 上。现在估值在 79 亿美元到 110 亿美元之间。曾经有人问，“Facebook 难道比 Sex 还流行?”有人回复说:“我上 Facebook 的次数比做爱多，所以答案是肯定的。”这都证明了它的非凡魔力。它与马克一起成长、一起完善、一起进步。没有一件事能一蹴而就，就像马克在雅虎收购时所说的，Facebook 是他的孩子，他想亲手养大他。只有解锁了马克·扎克伯格才能解锁 Facebook，也只有解锁了 Facebook，才能解锁马克·扎克伯格，他们相互依存不可分割。

第一节　“关于性、金钱和欲望”

在一些读物里，扎克伯格被描述成一个傲慢自负，靠背叛亲友来获取性、金钱和权力的坏孩子。一千个人眼里有一千个哈姆雷特，扎克伯格的粉丝们也不必纠结于信息的真假，而是在占有大量依据和事实的基础上，用自己的眼睛审视这位少年英雄。

没有噱头，只有工作。虽然扎克伯格“正在尝试让这个世界变得更加开放”，但他并不是个人们想象中的“开放”的人，相反他隐逸、谨慎、节制，与充满视觉冲击力的词语：性、金钱和权力毫不沾边。根据英国天空新闻的报道，马克在公开活动中被问及对竭力渲染这些元素的《社交网络》这部影片时，他的回答透露:“影片虚构的很多情节真的很伤人，他们虚构了全部情节，他们说我是因为要吸引异性才创建 Facebook，真实的情况是我做了大量艰苦的工作，如果真要拍一部 Facebook 起源的电影，那么这部时长两小时的电影只需要拍我坐在电脑前不断地编写代码。”

人们喜欢想象扎克伯格当初为了加入哈佛的那些象征地位和受欢迎程度的俱乐部做了很多努力。《社交网络》编剧索金形容扎克伯格是个“聪明的家伙，但在社交方面很迟钝，对社交生活也很不屑，其实，他非常希望进入哈佛社交俱乐部”。在朋友的眼中，扎克伯格并不算是个在俱乐部受欢迎的人，“他个子不高，一头乱蓬蓬的头发，浅蓝色的眼睛”，整个气场都与俱乐部格格不入。扎克伯格在后来把这种无中生有的杜撰否定得一干二净：我从来没有想加入过什么俱乐部。

美女驱动 Facemash 产生？Facemash 的存在让扎克伯格无论如何也不能洗白自己创业初期的自大、幼稚和恶作剧心理。Facemash 是一款选美网站。选美对象不是那些明星大腕，而是学生自己的身边人，美女的图片之间可以 PK。每次将两张女生照片放置在一起，让用户选择哪一位更吸引人。网站引起了轰动，并获得哈佛大学学生的欢迎。FaceMash 曾在第一夜吸引了 450 位访问用户，产生了 2.2 万页面浏览量，上线几天后被哈佛大学关停。关停的原因很明显：这些照片和个人隐私信息是从哪里来的？他曾经在聊天记录里和朋友说："如果你需要任何哈佛学生的信息，只要问我就行。我有 4000 多封电子邮件、图片和通讯地址。"在国内早已有了模仿者，几个知名大学也有黑客好事者建立起选美网站，在上面展示一些学生图片信息，以吸引大量的访问量。他才十几岁，这种基于好奇的心理可以理解。而且别人对他的杜撰是那么合情合理，十八九岁的年轻男孩，因为遭到一个迷恋的女孩的拒绝而希望通过其他事件来消磨时间、转移注意力和发泄报复。于是这个选美网站诞生了。

矛盾的存在是合理的。自 Facebook 网站创立以来，一直官司缠身，矛盾纠葛。一开始他跟两个高年级孪生兄弟共同经营一个名叫 Harvard Connection 的网站。他很快跟其他人分道扬镳，他们拥有不同的创业理念。Harvard Connection 和 Facebook，前者的重点是约会，而 Facebook 的重点是网络交流。但按照那几个高年级学生的说法，扎克伯格窃取了他们的点子，故意在创建 Facebook 的时候把他们排除在外。从 6 年前 Facebook 刚创建的时候开始，这场争执就已诉诸到法庭。双方最后达成了和解，据报道扎克伯格赔给对方 6500 万美元（包括现金和股票）。从这件事里面，看到更多的是利益之争，而并非什么背叛与忠诚的戏码。每个大公司都不缺几件负面的官司，Facebook 也不例外。即使如别人所言，扎克伯格也犯过错误，那么就当前企业的发展速度来说，他弥补了错误，并且迅速成长了。就像扎克伯格所声称的那样：大二时期的他并不代表现在的他。马克和他的朋友之间的矛盾产生和马克的性格息息相关，虽然他是个电脑怪才、技术宅，但他对权力和成功是有明确的渴望和认知，他如同乔布斯一般对工作有异乎寻常的要求，因而他理念明确，不容他人置喙。所以最终将这两个人排除在社交网络帝国版图之外。马克是个对工作伙伴非常严格的人。他曾经说过，他喜欢和高智商、有创造性的人一起工作。Facebook 初创的时候，公司的高管经常洗牌，公司的稳定性受到很大影响。“用‘走马灯’来形容都过于含蓄了，公司那时候非常非常不稳定”，布雷耶说。有一次，一位高管刚来了 10 天，扎克伯格就发电邮或打电话给布雷耶，说要解雇这个人，直到 2008 年 3 月时情况才有所好转。

节制欲望才能更好地控制欲望。有人把扎克伯格和马可·奥勒留（Marcus Aurelius，古罗马帝国皇帝，著有《沉思录》）相提并论，认为他们都是想法深沉的人，享受纯思维的乐趣。他们都向往让这个世界变得更加美好，同时又严于律己；即使拥有大众觊觎的财富，他们却懂得节制和反思，让自己的生活更加纯粹理性。扎克伯格称：“我真的想简化我的生活，除了如何更好地服务 Facebook 社区，我希望用在其他事情上的时间越少越好。”也就是说，他很少在工作以外的事情上花费心思。他说：“心理学理论认为，一个人为了确定早餐吃什么、每天穿什么会消耗很多能量，我不想在这方面浪费精力。”自从他走入了大众的视线，他的着装千篇一律。2011 年，《GQ》杂志评选出了科技界着装最差之人，扎克伯格打败了苹果前 CEO 史蒂夫·乔布斯成为第一名。马克的衣橱里貌似总是堆满不合身的、显出身材缺陷、一成不变学院派的牛仔裤、T 恤衫和阿迪达斯的凉鞋，这使得他在此次《GQ》的时尚评选中喜得冠军，该时尚杂志将其称为“刚上完统计课学生的打扮”。他成了整个时尚界的笑柄，大家都拿他来开玩笑。他在创业初期直到成名，一直住着租来的一套一室一厅的小公寓，地板上放一个床垫，两把椅子、一张桌子就是全部家具。他的早餐通常都是一碗麦片。每天，他走路或骑自行车上班。

他的婚礼也异乎寻常地简陋，不像名人那种动辄上千宾客的时尚大 PARTY，他的婚礼参加者不到百人。网上公布的照片显示，经常穿连帽衫的扎克伯格当天穿着深蓝色西装，扎着黑色领带，与着白色婚纱的普莉希拉·陈携手穿过树荫。婚礼本身就在他们的后院举行。而且宾客大部分以为是来参加他妻子普莉希拉·陈的毕业典礼。他们的低调是不想打搅到别人，也是冷静而理性地处理他的私人事件。他把对物质的欲望降到最低，把精力都集中在核心关系的处理上，譬如他与华裔妻子之间的关系。他为了她苦学中文——对于英语国家人而言十分困难而陌生的语种。他近年到中国著名学府清华大学，并在经管学院用中文做了一场引人瞩目的演讲。在回答“为什么要学中文”的问题时，扎克伯格回答道:“第一，我太太是华人。她在家说中文，她的奶奶只说中文，我想要跟她们说话。几年前我和太太决定结婚，我要求她教我中文，她非常吃惊。第二，中国是伟大的国家，所以我想学。第三，普通话很难，我一直说英文，但我喜欢挑战。”

马斯洛的需求金字塔包括：自我实现的需求、尊重的需求（社会承认的需求）、社交的需求（社会关系的需求）、安全的需求、生理的需求（身体基本需求）。扎克伯格显然不仅处于“食物链”的顶端，并且已经处于需求金字塔的顶端，他在短短的不到十年时间里脱胎换骨，冲到了普通人需要一辈子或者几十年才能达到的人生高度。他明确了他的方向是：改变自己，改变世界。而他正在实践中。

第二节 扎克伯格性格悖论——大隐于市

互联网上流传着对扎克伯格手写笔迹的性格分析结果：“你是一个害羞，理想主义的人，不太容易跟人建立感情，尤其是亲密关系。”这个分析应验了天才总是有个性这句话。他有博大的心胸和事业野心，但是却害羞而不善与人交往。他看起来是一个不谙世事的技术宅男，但却建立起强大的商业版图。他创建 Facebook 不以盈利为目的，但是数百亿美元的估值却不容任何人小觑。他热爱事业、严谨苛求，却又对事物充满好奇心……这些悖论足以让任何分析他的人望而却步：太难以定性，太难以琢磨！

事业是自我实现方式，慈善是对世界心怀善意。扎克伯格是个击剑手。他随身带的少数行李中经常有击剑用品。据他在哈佛的室友回忆，他常常散步时，会经常性地走过去拔出自己的剑，一只手开始在空中挥剑，另一只手放在身后，向前送出剑时说着，“好吧，我们要来谈谈。”他具有攻击性，整个世界对他而言，是个诱人而充满危险的苹果，他跃跃欲试准备迎接挑战咬一口。扎克伯格和新婚妻子现在居住在一个双层四居室的屋子里，而且这屋子对他而言似乎“太大了”。曾经的哈佛合作伙伴泰勒甚至说，扎克伯格是他见过的最俭朴的富人。他对事业的用心让他十几岁就区别于其他毛头小伙子，他的事业成熟度的提高多少有点拔苗助长的阵势。而且在历次事业处于风口浪尖时他都面临着巨大的发展压力和人事压力。2013 年，根据 Glassdoor.com 网站统计的员工对硅谷 CEO 评价数据，Facebook（76.27，−0.18，−0.23%）

CEO 马克·扎克伯格在员工中美誉度最佳，而微软（45.95，−0.40，−0.86%）CEO 史蒂夫·鲍尔默为最差。这个好评度是扎克本人和其从业人员所看重的，这是对他领导力的肯定。他的事业心让他在网络王国突飞猛进，他具有攻击性，处于食物链的顶端，是网络商界不折不扣的“食肉霸王龙”。他和乔布斯一样，都有一颗强大的内心，并且一直追寻完美。连他那印有“我是 CEO，混蛋”的名片也有向特立独行的乔布斯致敬的嫌疑。总有一个声音在喊：扎克伯格将是下一个乔布斯。他在一次次的商业冲击中变得更强大，更具有号召力和个人品牌。他热爱慈善事业，小小年纪就开始了巨额慈善捐款活动。比尔·盖茨很钦佩他的这种行为:“我从 40 岁才开始做慈善”。用百度搜索扎克伯格、慈善等关键词可以找到相关结果约 4.4 万个。2010 年，扎克伯格已经签署了由股神沃伦·巴菲特和微软创始人比尔·盖茨联合倡导的“捐赠誓言”（Giving Pledge），签署者承诺会将多数个人财富用于慈善。2012 年，在 Facebook 上市前不久，他就宣布将向新泽西的学校捐赠 1 亿美元。随后，他又发起并资助一个旨在对移民法案进行改革的政治团体。28 岁时，他已向硅谷社区基金会捐赠了价值近 10 亿美元的 Facebook 股票。慈善事业的捐助者总让人认为是那些上了年纪的富豪。扎克伯格小小年纪负担起了企业家的社会责任，他的慈善行为低调不作秀，彰显了很高的个人品质。如果说，他的事业进取心表现了他坚硬的一面，那么他热心慈善则体现了他的内心柔软的一面和对整个世界的善意。

独断专行还是从谏如流？Facebook 用 10 亿美元高价收购 Instagram 的事引起了各方热议。这件事被大家津津乐道是因为整件事都是扎克伯格的独角戏，这项目完成之后他才把事情告诉了董事会。他自己有 57%的投票权，足以控制公司了。从历史经验看，大多数兼并收购会失败。不同的研究都表明，因为执行不力而导致并购完不成战略规划的概率是 50%−80%。2013 年当时的形势是：大多数公司被并购之势（和他们的投行）所蛊惑，付出了太高的对价，忽略细节，把问题最小化，迫不及待想要成功。很多人对扎克伯格的并购抱有幸灾乐祸看笑话的态度，并认为这是扎克傲娇病的体现，且认为没有人能一直聪明下去不栽跟头。那么，再让我们看看2014年底的消息吧，根据花旗调研报告显示，Instagram目前估值高达350亿美元，这是收购价的35倍，另外比花旗上次估值高出了160亿美元。当时，Instagram的用户只有3000万。如今Instagram还在快速增长。其活跃用户规模最近超过了三亿人，赶超了Twitter，在市值上，Twitter的233亿美元，也已经落后于Instagram。花旗分析师预计，Instagram在2015年将获得27亿美元的收入，全球活跃用户增长至4.2亿人。虽然这一仗打得十分漂亮，不过也不能抹杀企业在做一些收购行为时过于草率，造成很多“败笔”，导致这家公司在发展道路上遇到障碍。“黑客式”的经营方式已经不再适应社交网络巨无霸，成熟的企业家必须做经过深思熟虑的决定，而听取别人意见则是其中的重要环节。扎克伯格有他专制的一面：在Facebook内部，扎克伯格好比是一位帝王，拥有绝对权威和控制权。扎克伯格的某位朋友说，他有“皇帝”梦，他在Facebook的专制倾向非常明显。他对高级企业管理人才桑德伯格十分欣赏，不惜高薪聘请她，并且感激她在广告战略、招聘和解聘、召开政治类议题会议等方面做的大量工作。他开始从独来独往的“黑客”变成一个合作者。

节制欲望和控制人生。他崇尚开放性的世界，海纳百川的生活方式，可他本人在生活中却恰恰相反：他赞成“消除欲望”。同事们戏称扎克为禁欲主义者。他的身家早已过百亿美元，但他和妻子陈却过着清教徒一般的生活，不贪图享受，无特殊癖好，开便宜的丰田车。有人惊叹地称其为“最贫穷的有钱人”。出身富裕阶层的他从不曾为物质发过愁，他的工作生活从没有被金钱拖后腿，也许对聪明如他的人而言，金钱来的太容易，反而失去了诱惑性。

当雅虎开出天价准备收购 Facebook 的时候，他说了不。这让雅虎的高层很费解：谁能够做到对 10 亿美元不动心呢？他对人性有着敏锐的观察力。2002 年他进入哈佛学习心理学，可能是遗传到了一些母亲的基因，他表现出对人性欲望和人际关系的特殊敏感。Facebook 的建立也是抓住了人们窥探别人隐私和自我表现的心理。他了解人性，更了解欲望，因而摒弃了低端的享乐主义。他严于律己，也对别人要求很高，他对员工进行分级，级别太低的员工就有被炒鱿鱼的风险。他的人生好比打高尔夫球，不求一杆进洞，但求满盘皆控。

犯错是成长的一个环节。在 2004 年 5 月，扎克伯格曾入侵哈佛大学校报工作人员的电子邮箱。当时，扎克伯格担心校报工作人员会写出一些不利于他的文章，而最好的办法就是阅读他们之间的邮件。还有一些对扎克伯格关于隐私权侵犯的质疑，足以让扎克伯格蒙羞甚至毁了他。人们质疑，“我怎么才能删除自己贴到空间里的东西？为什么网站毫不关心我的隐私？为什么这样的做法是程序默认的”？扎克伯格称，Facebook Platform 是“相当有争议的”一种产品。他表示，Facebook 已经采取了相关措施，使“所有事情都在控制之中，因此没有太多滥用行为”。他擅长风险控制，尽管冒险激进，却绝不做理性之外的事情。他善于自省，能从犯错的后果中得到教训，成为日后成功的垫脚石。也不会被成功冲昏头脑，陷入唯我独尊的虚假景象中。

第三节　大家口中的“创业家”

扎克伯格不太在别人面前谈起自己，媒体也很难得到他的采访。大众对他的管窥蠡测都来自于身边人或者名人、记者一鳞半爪的描述。

内向者的爆发力。哈佛学习时期的朋友说他是“一个令人难以对付的人”。在传记电影《社交网络》里，扎克伯格总被描述为“孤僻，不会和人打交道”。他极端聪明，善于思考，别人很难从他的言行举止上找到漏洞。同时在别人看来有些高傲和羞涩。他只把精力放在重要的人和事情上面，要么有用，要么有趣。比如和公司有关的客户、投资人、股东。如果他面对的是不感兴趣的事物，那么他的大脑就会切换到休眠状态，只是敷衍，没有火花。所以他在接受采访时，会不知所措，脸涨得通红，不停地冒汗，这不是他擅长的领域。虽然扎克伯格是典型的内向型人格，但他在和同事、朋友聊到工作时也可以口若悬河。

“内向人格者”和“外向人格者”这两个术语首先在1920年被心理学家荣格和随后的Myers-Briggs性格测试使用才广为人熟知。艾克森个性问卷对典型的内向性格描述为：安静、离群、内省、喜欢独处而不喜欢接触人；保守，与人保持一定距离（除非挚友）；倾向于做事有计划，瞻前顾后，不凭一时冲动；日常生活有规律，严谨；遵循伦理观念，做事可靠。扎克伯格小时候，他的母亲作为心理学家一直密切关注他的心理健康问题，也担心他因为自我封闭和过分个性产生心理问题。她从专业角度分析，扎克伯格需要的是能够和其他普通孩子打成一片，所以他们需要给他一个正常的社交氛围，并且让他能够尽快适应。她发现，她心爱的儿子对电脑的兴趣远超过对人的兴趣。一次偶然的机会，马克得到了一本编程方面的书，这本艰涩的写满代码的书籍在马克的眼中简直就是一本精彩的科幻小说，他在很短的时间内就把这本书上面的知识全部学懂了。他父亲请了一位老师来教他编程，但让老师大吃一惊的是：这个才10岁的孩子俨然是名小小工程师了，他与同龄人相比，就是个电脑天才。扎克伯格的出色之处在于：他把电脑知识和心理学知识结合起来。比如他的小伙伴喜欢玩的游戏他能够通过揣摩玩家的心理而作出改进。

这么来说，他还真是走在了科技与人文的交叉路口。前辈乔布斯就是典型的把人文理念引入科技产品的牛人，不仅用户感叹苹果界面的人性化，就连硬件工程师也夸奖苹果手机的内部也堪称完美的艺术品。扎克伯格和乔布斯让世界看到了内向人群的力量：通过执着的信念和不懈的努力改变世界。

是狮子还是鬣狗？扎克伯格的父亲爱德华这样形容小时候的他“意志坚强、冷酷无情”。他 7 岁那年暑假，父亲带他去非洲草原玩。在一望无际的草原上，有各类动物追逐期间，他们发现一个自然界的现象：在捕猎时，鬣狗、土狼等动物是联合行动的，而狮子、猎豹等动物是单独行动的。一开始，扎克伯格怨狮子、猎豹们太没凝聚力，太缺乏团队精神了。但父亲告诉他，你的观点是错误的。当时的他百思不得其解。

直到工作后，他才发现，这两种截然不同的猎食方式所导致的后果是：前者经常饥一顿饱一顿，还有性命之忧，而后者则有享用不尽的美餐。在自然界，只有保持自身独特个性的狮子和老虎才获得了最多的生存条件，亦步亦趋的动物们只能朝不保夕。并非是协作方式决定发展前景，而是思维方式决定发展前景。有的人想法不坚定，随波逐流，不断跟随外界环境和别人的期许而改变自己，最终丧失了个性，也丧失了成为领袖、成为成功者的可能性，终究碌碌一生。大多数人走的路可能风险小，不会太辛苦，却也失去了另外的可能性。这似乎正印证了美国诗人罗彻斯特说的一句话：林中有两条路，我选择了较少人走的那一条，一切差别也就由此产生。

雇员眼中的扎克伯格。“扎克伯格和非技术雇员说话时，似乎在另一个系统里，冷漠淡然，而他把注意力都预留给了那些对他有着直接重要性的人：风险投资人、Facebook 的其他创始者，还有之后那些他慢慢喜欢上的程序员们。”雇员眼中的扎克伯格是不苟言笑的高管。对，这是他在工作中的重要一面，他聪明理性，尽管在办公室穿着帽衫或者 T 恤，比穿着正式西装的人还不苟言笑。

Facebook 的首席工程师描述扎克伯格——“扎克并不是个难以打交道的工作狂。他的办公桌的确跟大家的都一样。不过，因为他家就在公司附近，所以他在办公室里呆的时间比我们其他人都要长。”

扎克伯格是要在下属面前立威的企业家，他的领导具有帝王风范。他不只是凭借个人魅力来招揽人才，更重要的是他所具有的领导力：过人的专业能力、坚强的驱动力、非凡的自信和聪明才智。他表面上虽然独裁专制，但对雇员有着个性化关怀，无怪乎他的雇员满意率出奇的高。“随着他年龄的增长，扎克伯格很清楚自己能做什么，不能做什么。他变得很擅长挖掘人才，把他们聚集到自己身边，这样既可以实践他的个人愿景还能抵消自身的不足。”

他只是成长太迅速。对他颇有微词的人批评他在 Facebook 对隐私权保护上的差池，“作为一个 26 岁的年轻人，童年无忧无虑，一直没缺过钱，声名显赫，顺风顺水，当然觉得人人都不应该隐瞒任何事。”之后我们也看到了扎克伯格以诚恳的态度和高超的商业技巧获得了大众的信任，也解决了 Facebook 自创始以来所面临的侵犯隐私权的指控。他了解客户，但并不一味地迎合客户，他走在了客户的前面。

MarketWatch 专栏作家普莱蒂（Therese Poletti）撰文指出，年满 30 岁的扎克伯格近年来已经有了非凡的进步，尤其是在与华尔街和投资者打交道的时候，技巧已经日益成熟。在公司股价下跌了 23%的时候，扎克伯格还是勇敢大胆地出现在董事会上，主持了公司的第一次盈利会议，而且之后一直参加董事会。他开始学会用简单明快的沟通方式代替以前在投资者面前的长篇大论，而且开始为自己的一些行为辩护，以争取更多的建议、信任和支持。

周鸿祎在微博上表示：年轻气盛如扎克伯格者，居然愿意付如此高的代价去收购一个 13 人的团队（Instagram），格局够大，心胸够宽！创新工场李开复表示，Instagram 被 Facebook 10 亿美元收购教会我们：发掘趋势；在巨人缝隙中寻求生存；专注以及崇尚用户体验。李开复说，Instagram 造梦成功，让移动时代的创业者看到了成功的希望，也看到了专注的重要性。这是中国两个重要创业者对扎克伯格 Instagram 收购案中的评价。扎克伯格一直用自己的方式对抗外界的压力，也是凭借这种特立独行和偏执，才换来了企业剑走偏锋的飞速发展。从对扎克伯格的访谈中不难看出：他拥有宏大的梦想和宽阔的眼界以及远见。他从不保守，从不退缩，在企业决策上，力求精准、有力、与时俱进。他的企业是他达成梦想的一部分，或者说是他的工具。他通过企业的长足发展来推动他更大梦想的实现。他牵头与包括诺基亚、三星、爱立信、Opera、高通以及联发科等在内的众多科技企业一同成立 Internet.org 组织，旨在为全球最穷困的人们提供可以承担得起的互联网服务。最终实现他的理想目标:“将全球每一个人都通过网络连接起来”。

由以上的言论可以看出，扎克伯格并不是一天造就的，他也在不断完善，最终形成了一个个人品牌。他的一些优秀的品质是一以贯之的，比如执着、敬业、善于学习恩惠揣度人性，而另外一些品质是在工作和生活的过程中逐渐形成的，比如：善于沟通、眼界宽阔、战略敏感和强大的领导能力。

第四节　扎克伯格与 Facebook 互相成就

扎克伯格是 Facebook 的一个名片，当然，Facebook 也是扎克伯格的一张名片。因为高份额的持股率导致 Facebook 带有强烈的扎克伯格印记，每一次企业处于风口浪尖上，几乎都是扎克伯格在做最为重要的决策。从一开始，

Facebook 带有冒险、个性、不走寻常路的黑客气质，走到现在它已经是富有社会责任感的大企业。就像人们认准了拥有乔布斯的苹果公司一样，人们也认准了扎克伯格为主导的 Facebook。他们相互依存，企业是扎克伯格的孩子，他要亲手抚养它长大。

无所谓个性就无所谓关注。Facebook 到底是什么呢？它跟我们的微信、微博、空间、校内网等在功能上差不多，是虚拟社交网站。扎克伯格致力于将其变成一个平台，一个通过它可以改变全世界的平台。Facebook 体现了新互联网时代的信息传播方式，让每个普通人都能成为信息的发布者和传播者。如果你够优秀、有名、酷或者独特，那么就能在短时间内拥有成千上万的朋友，成为大众的关注焦点。扎克伯格在这种虚拟的网络社交圈里就拥有 500 多万的朋友，如同我国的微博大 V 一样，拥有大规模的粉丝，其传播速度和受众广度是传统媒体的数百倍。人们获取信息不再依靠单线传播的纸媒、电视传媒和其他传统媒体，并且信息传播去中心化，每个人都可能通过社交网站成为关注的焦点、信息的焦点。这是新互联网时代带给人们的惊喜和生活方式的变化。

那么，通过 Facebook 可以看到时代的一个特色：无所谓个性就无所谓关注。人类社会中，个体的地位一直在两极之间徘徊，“组织化”和“个体化”。在“组织化”时代，也就是工业社会时代，人类整体的力量大大增强，但个体的生活境遇是十分艰苦甚至悲惨的，但又不能脱离组织，否则个体会直接面对巨大的生存压力。每个人要以牺牲个人权利为代价，来换取“组织”的保护。只能在组织的阴影之下获得一点赖以生存的资源，苟且偷生。Facebook 让人们看到了个性化时代的到来：Facebook 给用户提供了 56 个性别选项。还有其他的个性化服务让用户有充分的展示空间。Facebook 引领了年轻人晒的潮流。在 Facebook 上透露的生活细节会暴露用户自己的所有私生活，告诉所有人自己的业余时间在做什么、和谁在一起、去过哪里。

扎克伯格他们是 Facebook 虚拟世界的英雄。在生活中他是个生活寡淡的清教徒，没有绯闻，不太有趣，在网络世界里却是处处有着小幽默、吸引无数人成为其“粉丝”的万人迷。他在网络世界轻松自如，更能发挥个人魅力。他的性格具有多重性，既有大隐于市的高人之风，又有年轻人的炫酷晒的欲望。Facebook 解决了很多如他一样纠结的年轻人的社交障碍。在网络的世界里，有很多在现实中害怕交流但渴望和别人交流的人，Facebook 可以满足这部分人的需求。

在 Facebook 上，科研和教育领域，大学老师们可以用 Facebook 进行学术探讨和交流。在政界，政府官员候选人可以通过 Facebook 表达自己的立场，实现与选民的互动，拉人气、拉选票。2008 年美国大选时，政治明星奥巴马和希拉里曾在 Facebook 上展开角逐，开足马力争取选民支持。当奥巴马竞选成功后，很多人将其称之为第一届“网络总统”。《纽约时报》甚至评论说：决定总统大选结果的关键因素不是谁更懂政治，而是谁更懂网络。美国前总统小布什也会利用 Facebook 的影响力来推销自己的新书。高龄英国女王伊丽莎白为了表现自己的亲民及与时俱进，也在 Facebook 上注册了自己的账号，而且定期更新，让民众了解自己的最新生活。有媒体报道，英国安全部门已经利用 Facebook 进行反恐活动。当然，企业和影视明星也愿意借助这块风水宝地拉人气，简直是免费的广告平台。综上所述，在 Facebook 上，所有人都找到了自己的那个小花园。

Facebook 拉近了人与人之间的联系。美国知名社会心理学家斯坦利·米尔格兰姆提出的六度空间理论中说：你和任何一个陌生人之间所间隔的人不会超过六个，也就是说，最多通过六个人你就能够认识任何一个陌生人。这就是六度分割理论，也叫小世界理论。在网络社交方式产生以前，我们很难想象普通人可以认识光鲜的明星、政治家或者名人。但是现在，一个普通人可能通过几次互动就可以与以前觉得遥不可及的人建立联系。一个人要想认识陌生人，可以通过朋友的“朋友”联系起来。在这个过程中，由朋友介绍或者发生联系，显然比在网上自己认识更值得信任。Facebook 扩大了圈子的范围。网络上曾经流传一个故事：一家德国报纸试图验证六度空间理论，要建立法兰克福的一位土耳其烤肉店老板和他最喜欢的影星马龙·白兰度之间的联系。经过调查发现，这两个人只经过不超过六个人的私交，就建立了人脉关系。原来烤肉店老板是伊拉克移民，有个朋友住在加州，刚好这个朋友的同事，是电影《这个男人有点色》的制作人的女儿在女生联谊会的结拜姐妹的男朋友，而马龙·白兰度主演了这部片子。大家要惊叹：哦，缘分真奇妙！不，是网络真奇妙，它作为媒介和催化剂验证得更快更及时。

做最好的产品，做最好的企业。扎克伯格说他之所以能够把自己的网站经营得比别人出色，是因为他们相信它能够满足人们、能够受到欢迎。在每次面临巨额收购的时候，扎克伯格都能果断作出决定，最终拒绝收购。当然，他也会犯错误，但他从不畏惧错误。

他说:“伟大的东西都是由一群最用心的人创造的。人们不该担心自己会犯错误，因为你在一生中总会犯一些错误。你应该克服困难，勇往直前，而不是垂头丧气。”关于赚钱问题，扎克伯格郑重地声明说:“我们创建网站不是单纯追求利润，让网站变得妙趣横生比赚钱要重要得多。”他是个去伪存真、删繁就简的人。在一开始就有明确的理念：抓住客户、为客户服务，做好了产品就拥有了一切。

他有先天的优势条件：第一，他的目标始终如一，并且在以后的道路上不忘初心。第二，他花了非常多的时间在这上面，一定要找到能够处理横向扩张架构的、最厉害的工程部主管，能够跟每个人沟通产品计划的、最优秀的产品部主管，以及最顶尖的业务主管。这个团队的任何一个人都有本事管理整个公司，就算他哪天不见了，他们任何一个人都能搞定全公司的事。

伴随着企业的成长，他慢慢从具体而琐碎的技术工作中脱离出来，学着做一个领袖型领导。他开始学着放手一些东西，他宣布自己会停止写软件代码，而要把更多精力放在 Facebook 企业的未来的发展中。在他完成最后一段代码的那天，同事们为他举办了一个纪念仪式。他还向管理人才学习，扎克伯格曾和《华盛顿邮报》接触过，这让他认识了《华盛顿邮报》的首席执行官丹·格雷厄姆（DanGraham），并且成为朋友。他请教格雷厄姆管理类事项，并且在《华盛顿邮报》待了四天，来了解一名首席执行官需要做的具体事情。

第二章

来自中产家庭的人生赢家
——不平凡的“天才”成长之路

扎克伯格出生在纽约市北威郡郊区的杜波斯佛里，这里是美国的富人区。他家是一个典型的中产阶级家庭，他的父亲爱德华·扎克伯格被人称为“无痛牙医”，在他的牙诊室里有一个很大的鱼缸，摆着许多病人赠送的饰品礼物。他的父亲技术精湛，并且深谙病人心理，打出了专为“胆小鬼”服务的旗号，生意非常好。诊所生意的兴旺给家里提供了丰富的物质保障。他父亲爱好广泛，善于学习，教育有方，是个聪明且与时俱进的犹太人后裔。母亲凯伦早期是一名精神病医师，后来放弃了自己的职业，专心照顾孩子和打理丈夫的牙科诊所。

有人喜欢拿扎克伯格的出身做文章，说：看，这小子家里很有钱，是个富二代，人家当然会成功。看到比尔·盖茨就说如果他母亲不是高管，他也不会得到第一单生意；看到国内一些成功企业家就说人家是不劳而获、官商勾结。这是典型的穷人思维原理，只看到自己的条件限制，没有看到别人的努力。出身并不能决定以后的成功与否，没有富一代怎么会有富二代？那么富一代怎么从穷 N 代变成富二代的？扎克伯格的爷爷是个邮递员，奶奶是个家庭主妇，这只是个普通工薪阶层家庭，为什么到了二代就能变中产？到了三代就能变巨富？1998 年巴拉昂因病去世，临终前留下遗嘱:“我曾经是一个穷人，去世时是以一个富人的身份走进天堂的。在迈入天堂的门槛之前，我不想把我成为富人的秘诀带走，现在秘诀就锁在法兰西中央银行我的一个私人保险箱里，若谁能通过回答‘穷人最缺少的是什么’而猜中我的秘诀，他将得到100万法郎的奖励。”巴拉昂的身世很传奇，他是一位年轻的媒体大亨，以推销装饰肖像画起家，在不到十年的时间里，迅速跻身于法国50大富翁之列。大家纷纷来猜谜，后来一个小姑娘猜对了谜题：穷人所缺乏的是一种野心，缺乏激情、热情、创新、协作、进取、百折不挠的精神。普通大众与扎克伯格之间并不是隔着几百亿的身家，而是隔着难以计数的观念差距和成功要素。这一章我们就是要从扎克伯格在早期所表现出的一些成功必备因素聊起，来分析他获得巨额财富和崇高社会地位的深层原因。

第一节 “意志坚强并且冷酷无情”

扎克伯格的父亲曾经评价童年时期的他：“意志坚强并且冷酷无情。”他是人们口中的心里有谱的孩子，从小就知道自己要什么，并且能通过什么方式达到，不爱浪费时间和精力在没有用处的人和事上面。他父亲说：“对于其他孩子的问题，可能只要回答是或不是就行了。但对于马克的问题，那就要打起精神。你必须准备事实、经历、逻辑和理由与他进行强有力的争论。”冷酷无情是外界对扎克伯格性格的揣测，《社交网络》中扎克伯格被描绘成一个有社交障碍的天才，他迷恋亚洲女性，是一个冷酷无情、精打细算而毫无同情心的孩子CEO。

意志坚强这个品质在扎克伯格的创业路途上已被证明，冷酷无情这个描述是一个贬义词褒用的例子，我们宁愿把冷酷无情解释为：理性节制、逻辑严密、专注认真、情感不外露、不随波逐流。他之所以能形成这些品质跟他的家庭教育密不可分。他家的每一个人都拥有独立的事业和人格。这家的大女儿兰迪毕业于哈佛大学心理学专业，除此之外还精通希伯来文，弹得一手好钢琴。以前为 Facebook 服务过，现在正在做一档电视真人秀节目，内容涉及旧金山湾的高科技发展情景。二女儿已获得普林斯顿大学的哲学博士学位，她本人喜欢研究美食文化。小女儿艾莉亚勒毕业后在旧金山一家营销公司——Wildfire Interactive 担任生产部的经理。包括他做家庭主妇的母亲也都能家庭事业两不误。一对优秀的父母培养出四个优秀的孩子。那么就让我们来探讨下这家父母的教育之道。

让孩子自由飞翔。父亲艾德有很强的自省精神，他因为小时候家庭并不富裕，所以应其父亲的要求学了一门可以迅速变现的学科，上了纽约大学口腔学院，最终成为纽约市布鲁克林区一名牙医。艾德吸取自己成长路上的教训，尽量给自己的孩子创造一个比较宽松的成长空间。他尽其所能支持孩子的想法和做法。马克曾经一度因为喜欢一个叫做《星球大战》的电影萌生了做电影导演的愿望，也许在一般父母看来这简直是天方夜谭，拍电影是多么奢侈而遥远的事啊。艾德却支持儿子这么干，他买来了拍摄需要的一切设备，交给儿子说:“不要拘束，只要你喜欢，你可以做一切可以做的！”马克很高兴，便开始了自己的创作。一个多月后，马克竟然真的创作拍摄了一部电影。当然，这是一部恶搞片，影片的滑稽搞笑让三个姐姐笑得吃不下饭。

因为小孩子喜欢玩电脑游戏，艾德领风气之先，顶着妻子反对的压力花了很多钱给每个孩子都配了一台电脑，这些电脑速度虽然慢，漏洞多，但在当时已经是很了不起的设备了。扎克伯格因为拥有电脑成为了出色的游戏玩家，这让他感受到了优越感和满足感。很快他就不满足于这种单纯玩的乐趣，他爱上了编程。那时的游戏有很多漏洞，于是他自己动手开始制作更有趣更受人欢迎的游戏。他从书店买来一本写编码的书籍，偷偷地看了起来。几天后，他便开始了自己的游戏编写。他做的第一款游戏是一部名叫《摇滚乐团》的视频游戏。道具是一个塑料拨浪鼓，场景就在自己家的客厅里。

不使用任何极端的教育方式。中国古时候有个《伤仲永》的故事，讲的是一个叫方仲永的孩子从小文采好，聪明，作诗很有灵气，因而受到一些著名文人的赞赏。他的父亲从孩子的特殊本领中看到了商机，此后揠苗助长，带着孩子到处去作诗、显摆，简直类似现在的商演、走穴。结果方仲永长大之后“泯然众人矣”，丧失了小时候的天分。这就是一个极端教育的例子。时下还有许多吹嘘虎爸狼妈类型的教育方式，贪婪地攫取孩子某一方面的特长，而不是循序渐进，尊重发展规律。艾德说他的教育方式是:“不要强迫你的孩子，也不要试着把他们的生活引向某一个特定的方向，而是要去发现他们的长处是什么，并且支持他们的长处，支持他们会富有激情做的事情。”没有了生活上的压力，艾德更希望让孩子各得其所。况且他已经在自身工作上获得了尊重和自我实现，他不会通过炫耀孩子们获得的成就来满足自己的虚荣心。扎克伯格小时候曾经对家中的音响设备特别好奇，尤其是音响放送歌曲时，甚至趁父母不注意便拆开音响去探索到底声音是从哪里发出来的。艾德知道后，他以开放的态度，不是责骂而是鼓励孩子。直到他的孩子成为富豪，艾德也没有因为这个而改变自己的生活方式，他并没有接受扎克伯格的经济支持，依然住在位于市中心的老房子里，继续经营着自己的诊所。他们坚持自己的生活，重视孩子，同样也重视事业。

尊重是教育的重要内容。艾德和凯伦都反对父母全权做主、包办代替，但主张父母多花心思在孩子身上。“你必须了解孩子的真实能力和内心的想法，这样当他们碰到问题咨询我们时，我们能给出适合他们的意见，不过最后怎么做决定孩子说了算。”他们夫妇的工作场所就在家里，所以有了更多的时间陪伴孩子们，并参与他们的成长。父母和子女沟通的前提必须是相互尊重，即使孩子还没有成年，他也是独立的个体。尊重孩子要从尊重他们的小选择开始，孩子可能一开始只是选择自己的衣服、鞋子和书包，以后会选择自己的朋友、爱好和信仰。只有以尊重为媒介和平台，才能正确地疏导孩子的情绪，让孩子摒弃叛逆心理。扎克伯格一路走来得到了父母最大可能的支持和尊重，才能把别人认为不可能的变为了可能。如果艾德夫妇一味唠叨和指责孩子的各种不足，那么扎克伯格很可能变成一个多疑善怒、缺乏安全感的普通人。艾德尊重孩子的爱好和心愿，并且鼓励他们。不论是做导演，还是编游戏。艾德在威彻斯特广播电台 WVOX 接受采访时做了一个小时的谈话。他说自己在电脑方面并没有很高的造诣，他自己在大学是学口腔学的。但是他自己在"办公室通常是以技术为导向的"而且"总是装备最新的高科技工具"，包括早期的 Atari 800 个人电脑系统。他说，"随机附带了一个编程光碟，我当时想马克可能会感兴趣，于是我就把相关知识传授给他了，马克就是从这开始起飞的。"他透露，马克曾经得到一本有关编程的书，但是"最终马克的编程能力是自学成材的"。艾德也会关注儿子的事业——Facebook，他每天都会拿出一个小时在上面浏览。

他们夫妇给予孩子的是爱的教育，无条件地爱孩子和帮助孩子。孩子从父母那里获得了最初的安全感，所以他们在以后的成长过程中能临危不惧，坚定勇敢地追求自己的人生。反观国内的一些家长在教育上出现偏差的根本原因是没有给孩子爱的教育。家长打着为孩子好的旗号求全责备，不顾孩子的资质盲目要求高分，让孩子产生严重的不安全感。即使孩子在高压之下取得一定成绩也难以持久，他们会因为心中严重缺乏安全感而陷入迷惑或者误入歧途。

艾德夫妇为孩子创造的先进、科学、宽容的教育环境，塑造了扎克伯格富有毅力、激情和创造性的性格特点，为日后承担超人的压力打下了坚实的心理基础。这值得每一个父母学习。

第二节　扎克伯格是个“技术宅”

“技术宅”，是随着互联网技术的突飞猛进出现的新词汇。它又叫“科技宅”，分为褒义和贬义两种解释。褒义是指“宅”的一种高级进化形态，指那些将宅境界的内容与现实中自己相关的行业或技术相组合的牛人们。他们给人带来的感觉是眼前一亮，并将人们所熟悉的技能转化为更可能贴近生活。贬义是指把技术宅在家里不善交际的人。但现在技术宅已经有效地推进了网络的进步，正向的作用大于负向。扎克伯格定义了技术宅的前者。他的宅简直宅出了名气、宅出了境界、宅出了品味。Facebook 的总部是一栋两层楼的建筑，位于一条安静的林荫道的尽头。扎克伯格把总部称为“碉堡”。他每天大部分时间都花在碉堡里，剩下的时间分配给妻子和对他事业有帮助的人。技术宅因为理想化的生活模式和对人生做减法的哲学意味已经成为一种流行的生活方式，并且得到了越来越多人的追捧。技术宅有几个关键词：有为之痴狂的兴趣点、投入大量的时间在兴趣点上、因为发掘和成就这个兴趣点影响别人，甚至影响世界，能够耐得住寂寞，守得住贫耐得住富。这么看来，技术宅简直不是怪胎，而是牛顿和霍金的同类人了。

“技术宅”需要耐得住寂寞。扎克伯格十来岁的时候，就为他父亲的诊所开发了一款软件，原理是把诊所的电脑和家里的电脑相连接，实现信息小范围共享。整套程序的编写，往往需要花费马克几天甚至是一星期的时间来完成，长时间的枯坐、思考、反复调试，他乐在其中，并不以为苦。这个年纪是最坐不住的年纪，兴趣点太多，太爱玩，这时的扎克伯格已显出了技术宅的功力。他父亲回忆起儿子编写的这个软件：虽然这个软件漏洞多，容易崩溃，他们也因为它的便捷性用了一年的时间。这个办公系统是扎克伯格在20世纪 90 年代完成的，那时还没有类似产品出现，他对电脑技术和网络技术有很强的前瞻意识。艾德看到儿子的兴趣所在，便给他请了工程师大卫做老师，但很快这个老师教他似乎有些力不从心，于是艾德带儿子去离家不远的一所叫仁爱学院的大学学习计算机。教师非常诧异，他或许认为这位父亲在拔苗助长。不过上课后，他才发现这个十几岁的小孩并不像他想象的一般简单。

编写代码占用了扎克伯格 30 岁之前的时间非常多，他曾经调侃说，如果要拍关于他的电影，那就只用拍他坐在电脑前面不停写代码就可以了。Facebook 从初创到一鸣惊人，扎克伯格都是重要的技术支撑。直到近年来，随着企业的发展和扩大，他才把精力从编写代码、直接参与技术支持中解脱出来，投入到营销和管理方面来。

“技术宅”彰显智力优越性。非常聪明，所有见过他的人都这么评价他。他的聪明无疑体现在对技术的娴熟、创新和对事物核心问题与本质要素的把握。扎克伯格推崇智商高的游戏，也要求同事能脑筋聪明、创新性强。早期的 Facebook 推崇黑客文化。黑客马拉松在美国是一种极为流行的，工程师们的头脑风暴比赛，在十几个小时内，选手们要用尽自己的智慧作出想要的产品。技术宅扎克伯格领导的 Facebook 对此由衷热爱，创始初期常常通过黑客马拉松来招贤纳士。黑客马拉松简直是《美国偶像》的翻版，它很酷，且受到年轻技术爱好者的追捧。这是黑客界的头脑风暴和顶级测试。可以在短时间内聚集能量，完成不可能完成的任务。顶级技术人才也是热爱 Facebook 企业文化的，因为在创业公司很多东西需要自己摸索，并且公司能够提供学习、成长的空间。在 Facebook 办公区的一面墙上有一幅雷内·马格利特（René Magritte）名画《戴黑帽的男人》的仿作：一群男人穿着同样颜色款式的黑衣黑帽站成一排，每个人面部被一个青苹果遮盖，表情模糊不清。而现实中的 Facebook 人就像是这幅画的真实投影：他们习惯躲在幕后，用技术窥探这个世界。新人入职不久就要参加 Facebook 的传统节目黑客马拉松。在活动期间，自愿参赛者不管是公司高管还是普通程序员都会聚集在一起，脑洞大开、通宵地趴在屏幕前面，天马行空地把任何想法转化为代码，而马拉松过后则是一天的昏睡。黑客马拉松是以兴趣为主要目的，但在后来也出现了一些非常成功的产品，比如 Chat，Messenger 等。此外，也开拓了大家对产品形态的视野。黑客马拉松是释放想象力的狂欢。实际上 Facebook 的很多重要产品都是在这样的狂欢中产生的。

扎克伯格在一封叫作《黑客之道》（Hacker Way）的公开信中为黑客辩护:"媒体将黑客描绘成入侵电脑的为非作歹的人，这是不公平的。大多数黑客都是理想主义者，希望对世界作出积极贡献。"

"技术宅"善于给生活做减法。扎克伯格能随时心无旁骛地投入到工作中去，因其专注力一流。他善于给人生做减法，很少把时间浪费在无聊的东西上，也很少陷入迷茫期。人生需要做一些减法，减去心灵上的沉重负担，减去一些奢侈的欲望，减去没有价值的身外之物——热闹的生命里有许多不堪承受的东西。

在 2010 年加利福尼亚州计算机历史博物馆的一场采访中，扎克伯格说:"外界形容我是亿万富翁，但我只想住在公司附近，每天走路上下班。我的助理在公司旁边帮我找了新公寓，我根本没有看过那个地方，只要能走路回家睡觉，再走路到公司上班就行。"扎克伯格的书房中，只有一张桌子，三把椅子和两个木书架，厨房面积也不太大。这只是一个普通职员居住的地方。他的签名上注有“极简主义”等字样。他着重于几个关键美好品质的塑造，去掉物质的束缚、欲望的束缚，实现更广范围和更深层次的自由。众所周知，扎克伯格的慈善事业做得相当给力，这种行为让人看到了他的慷慨和爱心。这样品质的培养离不开教育有方的艾德夫妇。她们很少用言语来纠正孩子语言行为的偏差，而是用行动、用技巧和方法。

扎克伯格很小的时候，班上有个叫作纽芬迪的男孩，行为迟缓、不讲卫生，让扎克伯格十分反感。在一次兴趣课上，扎克的表现十足一个恶少：他因为和纽芬迪分在了一个组，让他十分恼火。他们协作搭建一个建筑模型。纽芬迪的笨手笨脚彻底激怒了扎克伯格，他凶悍地推他并大骂混蛋。这次的失控表现引起了学校的注意，老师叫来艾德夫妇陈述了这件事，并要求家长负起责任。身为心理医生的母亲当然重视儿子的这次失控表现，她怕这次暴戾行为成为孩子成长过程中的绊脚石。她找时间跟儿子进行沟通。扎克伯格跟母亲说，纽芬迪不修边幅，衣服上总有肮脏的饭粒，身上有很臭的味道。纽芬迪反应迟钝，总拖他后腿，让他感到丢人。

小学时代正是孩子最敏感的时期，他正形成世界观，也很在意别人对他的看法，此时他若是接受积极的心理引导，那就可以变成一个人格健全、心理健康的人，如果没有正确引导，或者受到其他一些刺激，后果不堪设想。母亲从侧面跟他聊了很多，比如绅士品质之类的，扎克是个聪明的小孩，悟性很好，他很快知道母亲要说什么，并且保证自己以后要做一个愿意帮助和关心别人的人。可是，不久以后扎克又一次和纽芬迪发生冲突，比上次更严重。学校对他父母发出严重的警告：如果不严加管教孩子，要开除他。母亲很快意识到，单纯的谈心并不能影响到儿子，他太过聪明，能言善辩，精力充沛，很难听从别人的指挥。艾德夫妇在深思熟虑之后决定“现场教学”，他们想让扎克去看望纽芬迪，了解他，理解他，最终帮助他，关心他。他们并不能预见这次会面的效果，心里也十分忐忑。他们驱车很久才到达了纽芬迪的家：破败的棚户区，污秽和简陋触目皆是。纽芬迪正在做家务，他对到来的扎克一家表现十分友好，他渴望和扎克做朋友。他脸上挂着热情洋溢的笑，让他们进棚里。爱德华夫人注意到，这时候的扎克伯格异常安静。棚里很小，根本没有能坐的地方，到处摆满了东西。棚的最里面，一张破毡子上面躺着一个人。纽芬迪介绍说，这是他的奶奶，因为帕金森症，常年瘫在床上。纽芬迪的妈妈，在外做家政服务，常常要深夜回来。平常，奶奶就是纽芬迪负责照料。扎克一直没有说话。一周后，扎克再次去学校，对纽芬迪表现得十分友善，并且尽可能帮助他。相信如果没有这次的会面，扎克还不相信还有纽芬迪这样困窘的穷孩子，也不会激起他对弱者的保护欲。

20 多年之后，扎克伯格向纽瓦克公立学校系统捐赠 1 亿美元，帮助全美最为落后的学校提高教育水平。

“细雨湿衣看不见，闲花落地听无声”。人生的减法，不是保守退让，不是消极避世，更不是无所作为，而是一种大智慧，大境界。扎克伯格通过对内心的观瞻，不断给人生做减法，以最大程度发挥能量，完善人生。

第三节　善于恶作剧的“高冷”小孩

扎克伯格有时候还喜欢搞恶作剧。小时候的一天晚上，当妹妹唐娜在楼下的房间里用电脑时，屏幕上突然出现：电脑中了致命病毒，将在 30 秒内爆炸。随后电脑就开始倒计时。唐娜慌忙跑到阶梯上，大叫扎克伯格，她吓坏了。他成年后也保持着一份童真和幽默。他学过击剑，收藏有一把剑（或者是刀)，当哪个员工工作不力的时候，他就会冒出来假装要用剑砍他的脑袋。

一次，两个员工花了一个月的时间开发一个产品，并且觉得这个产品会得到年轻老板的青睐。结果他们到扎克伯格那里进行演示，却被粗暴对待，老板骂他们的产品是“一坨大便”，并且把一杯水倒在一个员工的电脑上。扎克伯格会用一些非常特别的话语来激励员工。比如他会说:“如果你不尽快做好，我会迎面给你一拳”；抑或是“我会用这把剑砍你”。Facebook 联合创始人达斯汀·莫斯科维茨笑称:“好几次那剑差点就戳到我，那是个很小的房间。”这绝对不是一个成熟的老板所能作出的糗事。让人难以置信的是，员工对扎克伯格的满意度却非常高。他们的年轻老板大多时候是一个沉默甚至有点害羞的决策者。他的工作台就在办公区的一角，和其他员工的连在一起，桌上总是摆着一台苹果笔记本电脑和一瓶佳得乐运动饮料。他喜欢一个人静静的思考，常常穿着舒适的休闲服甚至光着脚在不大的办公空间里来回踱步。

Facebook 的起家也被很多人说成是恶作剧的开始。Facebook 的前身是 Facemash，在这个网站上，扎克伯格把他获得的学校女生的照片放上去，别人可以关注、评比和打分。超旺的人气让哈佛的校内网都快瘫痪了。哈佛的拉丁美洲女子问题组织和哈佛黑人女子协会的成员曾向校方投诉，她们斥责：扎克伯格创建的网站用来对女同学的长相进行评比，是不尊重女性的表现。哈佛的校报《哈佛深红报》也指出扎克伯格这种行为就是为了“迎合哈佛学生最低俗的风气”。Facemash 也因为学校的干涉被关停，他本人也受到了处分。扎克伯格建立这个网站并不是传说中被女友甩的报复或者纯粹的恶作剧那么简单，他有他的考量和前瞻意识:“哈佛或许会因为法律而限制这个网站，而完全认识不到它是一个有价值的尝试，或许能够扩展到其他的学校去。但有一件可以肯定的事情是，我是建立这个网站的怪人。唉，最后总会有人来做这样的事。”

扎克伯格有两种名片，一种是中规中矩的名片，另一种上面印着“我是CEO，混蛋”字样。美国的一家投资公司——红杉资本公司曾想投资Facebook，他们却向红杉资本推荐他们的另一个项目Wirehog。在此后的接洽过程中，他们不拘小节地穿着睡衣，并且以搞笑的形式开场，从头到尾都没有提及正事儿。没有一个著名公司有过这样拒绝资本的“胡闹方式”。还有一次，公司正处于上升期，被很多大公司看好，要求收购。公司的全体成员乘公共汽车到圣克拉拉市附近的大美国主题公园举行假日派对。一路纵酒狂欢，到公园都已经是一帮醉鬼了。有喝醉的员工吐在车的通风口上，后来他们不得不花大价钱修车。他们在初创期，像学校的社团，也像是学生联盟，就是不像个能成气候的大公司，这也是个令人费解的谜题。没有正式的办公场所，没有正式的穿着，甚至没有成熟的管理模式，可他们还是成功了，SO WHAT?

恶作剧毕竟是年少轻狂时期的产物，一个拥有广泛影响力的公司不应该一直都是率性而为，扎克伯格的率性和以自我为中心曾经给公司带来难以估量的损失。吉迪恩·余曾经是Facebook的高管，他和其他的一些高管陆续离开公司。吉迪恩·余的离开可能与Facebook其他高管陆续离开的原因相同：扎克伯格越来越不再容忍公司会议上高管们有任何不同意见或是持反对意见的讨论。Facebook一位前雇员表示，“以前并不是这样的，Facebook创立初期允许并鼓励不同的看法和观点。这正是人们前往初创企业的原因，成立初期的团队是很棒的。”然而，早期团队很快分散解体。许多创业初期的老员工正计划离开公司，他们迟迟不走出公司大门只是为了拖延时间，以免更多的经济损失。Facebook产品经理科勒因提前离职而损失了数百万美元。

第四节 母校菲利普艾斯特中学的启示

扎克伯格高中就读的菲利普艾斯特中学离家比较远，是美国最著名的私立寄宿制中学之一，在全美排名靠前，也是 TABS 及 NAIS 会员之一。这所学校对他的一些想法的形成有强烈的催化作用。学校拥有全球最大的图书馆和先进的计算机设备，是闻名全世界的高端中学之一。菲利普艾斯特中学一直保持着优异卓越的学术传统，一直致力于帮助年轻人在世界上找到最适合自己的位置。学校的教育理念是启发年轻人思考、讨论、质疑与分析，教导他们将知识与美德相结合，并使得他们成为终身热爱学习、乐于助人的优秀人才。在这个培养精英的学校，上课形式以讨论为主，也就是说，课堂上，学生不是填鸭式被动接受知识，而是和老师围成一圈，10 个人左右一组，每个学生都必须备课，以便在课堂上发言讨论。这种互相分享、质疑、讨论、思考及分析的方式用以解决问题而非以课本为中心。这种学习方式让马克·扎克伯格认识到人际互动、头脑风暴对于人们来说是更可靠的信息来源。

比尔·盖茨和扎克伯格都就读于私立名校。比尔·盖茨就读的湖滨中学是一所专收男生的私立中学，该校环境优美、学风浓厚、教学严谨，也是西雅图收费最高的一所学校。因为国外的教育机制，最好的中学和大学往往是私立的，因为它有更好的教育资源和教育理念。这些中学也如大学一般接受了巨额的校友捐款，校友捐款的多寡也体现了学校对人才培养的作用的大小和毕业生对学校的认同感的高低。

他们的事业点子都是受到中学时代教育的启发完善和发展来的。比如

Facebook 这个名字就源于菲利普艾斯特中学制作的花名册，为了让师生和同学之间更好地联接，学校制作了花名册。

平台和联接是事业成功的基石。随着社会网络理论广为被大众所接受，人们开始寻求加入更高的平台，与更多的人发生联接。社会资本由构成社会结构的要素组成，主要存在于社会团体和社会关系网之中。个人参加的社会团体越多，其社会资本越雄厚；个人的社会网络规模越大、异质性越强，其社会资本越丰富；社会资本越多，摄取资源的能力越强。就读于名校，不仅能获得最好的教育资源，还能获得层次较高的跳板和平台。这所中学的老师硕士及以上学历者占到了 82%，毕业生大多前往哈佛大学、宾夕法尼亚大学、普林斯顿大学等知名大学深造。智商出众的扎克伯格来到这个精英云集的氛围中如鱼得水，在他周围几乎都是有潜力成为各行各业领军人物的同学，加之学校不拘一格培养人才的方式方法，让这群少年有了成就头脑风暴的可能性。扎克伯格后来所热衷的黑客马拉松的初衷似乎也与菲利普艾斯特中学教学方式的初衷不谋而合——让最聪明的大脑碰撞出火花。如果以老师授课为主，那么只有一个信息源，很难调动起其他学生的积极性，并且一部分有创新能力的孩子会觉得单方授课很无聊和单调，甚至会质疑老师的授课内容。这样培养出的学生最多可以达到老师的水准。圆桌课堂的形式超越了单方授课的局限性。每个学生都可能成为某个题目讨论的重要信息源，老师只是这里的催化剂和领路人。单纯学习课本知识很可能会变成一个知道分子和行走的图书柜，却丧失了解决问题的能力和魄力。圆桌课堂脱开了书本，让思想自由飞翔，重在解决问题，黑猫白猫，抓住老鼠才是好猫。个体产生联接之后产生了无限多的可能性，也产生了无数解决问题的方法。

你可以成为任何你想成为的人。这所学校没有令人厌烦的升学考试和不可胜数的大考小考。它为学生提供所需的尽可能多的条件，让学生达成梦想和愿望，树立正确的三观。学校为学生提供 450 多门课程设计 19 个学科领域，提供 21 种运动项目，100 多种课外社团活动，9 种外文课程。有很高的师生比例，每五个学生就有一个老师，每个班级才 12 个人左右。保证每个孩子的天赋和兴趣都能得到发挥和关注。它让学生提前享受到了大学的待遇，简直可以称作是赢在了起跑线上。十几岁的年纪，国内的孩子还每天背着十几斤重的大书包两点一线，拼命为一点升学分数而牺牲掉兴趣爱好，废寝忘食的时候，菲利普艾斯特中学的学生已经在认识自我和实现自我。课外活动的丰富性由社团的数目可窥见一斑。课外活动不会被视为不务正业，学校认为发展学生特长和丰富学生生活与完成学业同样重要，他们把育人放在了教书的前面。与其让孩子们学一些以后几乎不会再用到的死知识，还不如培养孩子的主观能动性，授之以鱼不如授之以渔。扎克伯格在这里形成了自己的兴趣爱好，比如击剑和划艇运动，同时还选修了拉丁文。前两样运动他一直坚持，成了生活放松的固定节目，他与妻子陈在恋爱期间的重要节目就是划艇运动。

众多的社会实践活动。菲利普艾斯特中学绝对不是为了培养一群小学究，它重视具体能力的培养。热爱生物、地理的学生可以申请参加学校组织的野外考察课程，可以与教师一起去往佛蒙特州的山间学校度过整整一学期在高山农场生活学习的时光，可以申请参加在华盛顿的实习项目，为国会议员或联邦政府工作人员服务，还有海外交流、暑期外语培训等等，高年级学生还可以与教师一起设计自己的科研课题。热爱追求知识的同学还可以在暑假选修人文社科、自然科学等多门课程来为自己充电。这些社会实践活动为拓宽眼界和寻找自我提供了丰富的内容，能够培养出更多富有人格独立性、社会责任感的优秀学子。学生上学为寄宿形式，学校全权代替了家庭承担起孩子培养的重担，也加快了孩子融入菲利普艾斯特集体，成为菲利普艾斯特人的步伐。

在这里扎克伯格已经开始了自己的科研道路：他曾经研制出一款 MP3 播放器的软件，用以匹配歌单。在中学时期他已经出名了。

这个中学带给扎克伯格的深度联接理念影响到了他建立网站的想法和愿望：让全世界的人们深层次联接，已产生更多的互动和火花。比如 Google 只是个搜索引擎，使人们获得表象信息，通过人际关系互动就能够获得深层次，更生动、鲜明、一手的信息。《纽约客》杂志采访他时，他说："Google 和类似的搜索引擎是将网上的所有信息做成索引，方便人们查询，而 Facebook 在于帮助人们相互了解各自心中在想什么。"

第三章

哈佛大学的著名黑客
——传奇人生的开端

虽然扎克伯格从哈佛大学肄业，但哈佛大学的求学经历仍是他人生的重要阶段。他在高中毕业之后拒绝了几家公司年薪百万的邀约，投入到求学路上，他选择的不是和计算机相关的课程，而是选择了心理学。他表示，“我只是坚信，人们最感兴趣的事物其实是人。我相信人们喜欢做那些使自己开心的事情。为了使自己开心，他们需要了解他们身边的世界，了解他们身边的人。”那么选择心理学也算是他职业道路上深谋远虑的一步棋。他凭借着对人性的好奇心和对技术的痴迷，站在了科技与人文的结合点上，不再使科技是冷冰冰的工具，也不再使人文是空穴来风的纸上谈兵。扎克伯格所坚持的是一种人性化的、社会学色彩浓厚的科技观，而“Facebook”、“社交标签”，包括Facebook上线之后所推出的每一次改进，都无非是这种科技观的具体化。

哈佛大学作为世界殿堂级大学，出了很多影响美国，甚至影响世界的领袖、行业翘楚，学生都是抱着改变世界、查验真理的心愿来到这里，不单纯是为了通过大学学习获得学历。这里充满了知识、未知、机遇和希望。扎克伯格遇到了一群跟他磁场相近的天才，产生了令人期待的精彩碰撞。他在这里完成了人生最重要的步骤：交友、创业、遇到一生最爱。

第一节　一个好汉三个帮——物以类聚，人以群分

扎克伯格说过，“没有人能够一臂擎天。伟大的友谊令生活富有乐趣和意义。”人们总津津乐道于他的不善言辞和不善社交，但是他总能抓住对他最有意义的那些人，其实扎克伯格只是对自己的人际关系做了减法，留下了那些对他最有用且最有意义的人。他在大学里和志同道合的朋友一起成长、一起创业。这里不得不提到那几个在 Facebook 的初创期举足轻重的人——克里斯·休斯、达斯汀·莫斯科维茨、爱德华多·萨维林和安德鲁·麦科克伦。

扎克伯格初到哈佛住在柯克兰的宿舍楼里，寝室号为 H33。这是个两居室，同屋室友是主修文学和历史的外形帅气的小伙子克里斯·休斯。哈佛大学的宿舍条件并非想象中那么好，两居室需要住四个学生，每个房间两个学生，他们达成共识的第一步是把那个架子床拆掉，虽然空间进一步缩小，但他们各自终于有了独立的床。

休斯是 Facebook 网站最初的新闻发言人。他在文史哲政治方面都颇有见地，扎克伯格在同他的交流过程中获益匪浅。扎克伯格善于从任何人身上学习优点和知识，汲取能量。现在他还保留一个习惯：每天认识一个陌生人，以得到更多的启发和机会。休斯在取得文科学位之后就逐渐淡出了 Facebook。休斯后来也取得了不错的成就，他负责奥巴马在 Facebook 上的竞选事宜，被奥巴马称为是他身边最懂网络的人，奥巴马被人们称为“网络总统”也彰显了网络运用在竞选中的强大作用。现在，休斯是硅谷一家投资公司的董事，他还创办了一家基于网上社区理念的慈善事业机构 Jumo。最近通过收购获得

了《新共和》（New Republic）杂志的控股权。休斯拥有 Facebook 1%的股份，价值 10 亿美元。

达斯汀·莫斯科维茨也是扎克伯格的室友，住在扎克伯格和休斯隔壁的卧室。他比扎克伯格小 8 天，主攻经济学，当时留着一头眩人眼目的爆炸头发型。他最早帮助扎克伯格在大学中推广 Facebook，后来成为技术团队的关键领袖，他在哈佛大学经济学专业学习了 2 年，为了 Facebook 自学编程，后随从扎克伯格从哈佛辍学，跟着 Facebook 迁往帕洛阿尔托。他才是 Facebook 真正的元老，对 Facebook 立下了汗马功劳。2008 年，莫斯科维茨从 Facebook 辞职，开办了自己的网络软件公司——Asana。据说他曾经说过，“Facebook 是属于扎克伯格的”，他有自己的想法，但是在 Facebook 是扎克伯格说了算，他们的分歧越来越大，最终分道扬镳。他拥有 Facebook 7.6%的股份，价值 76 亿美元。扎克伯格在他走的时候很难过。“达斯汀是一直把 Facebook 的利益放在心上，他永远是个我想询问意见的人。”他这么评价他。莫斯科维茨也跟扎克伯格拥有一样低调神秘的个性，他身家数亿美元，现在却还是用自行车上下班，出行坐商务舱，而不是头等舱。他与扎克伯格一般热衷于慈善事业，还在比尔·盖茨和巴菲特发起的捐赠宣言上签了字。

爱德华多·萨维林是说起扎克伯格或者 Facebook，是不能绕过的人名。他也是个高富帅，出生于圣保罗的一个犹太人富裕家庭，并在佛罗里达州城市迈阿密长大。他的父亲从事于出口和房地产业。萨维林很小的时候就有着优秀的商业头脑。那还是在上高中的时候，他就通过石油交易赚了 30 万美元。他对商业有着敏感的嗅觉，他也如同扎克伯格一般有着坚强的意志和清晰的目标。并非像别人描述的那样，是一个热衷于各种俱乐部活动的浮夸小子。他是扎克伯格最初的商业伙伴，也是知心朋友，《社交网络》的剧情就是围绕着他俩关于友谊的故事展开的。他们共同为 Facebook 投入了 1000 美元，后来萨维林成为 Facebook 最早的财务官。但在 2004 年夏天，两人在网站发展路线上遭遇分歧。2005 年，更是因一起金钱官司闹翻。萨维林还联合了他们另外两个同学，文克莱沃斯兄弟俩，一起跟扎克伯格打官司，指控他欺诈，并且认为，扎克伯格偷了他们的创意。这场官司也成了电影《社交网络》的主要题材内容。官司之后，他曾拥有 Facebook 5%的股份，后来据他自己所说，在二级市场上出售了一半。他现在生活在新加坡，也投资过一些社交网络公司。因为他们的纠葛太过戏剧性，所以在以后的篇章中还会具体介绍。

在最早的创始人里，以扎克伯格的室友为主，休斯、莫斯科维茨和麦科克伦都是他的室友，并且住在同一套房子里。而萨维林是个例外，他是扎克伯格在社交场合认识的，相识之初就一拍即合，经历了友谊的甜蜜期、发展期、矛盾期、背叛期，最后在一纸判决书下尘埃落定。

萨维林加入了两个俱乐部，一个叫胖奇，一个叫凤凰。他看中的是俱乐部隐藏着巨大的人脉和社会资本。看过电影《社交网络》的人肯定对其中一个俱乐部印象深刻，那是整个电影矛盾开始的地方。

有一天，萨维林去参加“胖奇”的一次派对。在这种灯红酒绿的气氛中，年轻的萨维林也有点飘飘然，他本身有一些异于常人的经历。还有，他知识储备多，也有很多为了社交而准备的话题点，他想成为大家关注的焦点，特别是引起一些牛人的注意。他选择了基金这个话题，这个话题够宏大、上档次。“真正的技巧在于想出办法将 30 万美元变成 300 万美元”，萨维林对听众笑了笑，“但那也正是对冲基金的乐趣所在，你必须拥有真正的创意。”他的话题迷住了在场的许多人，大家很赞赏他的独到见解。沾沾自喜只是一时的愉悦享受，在后来的俱乐部时光中，他显得有点无聊和落寞：难道他的使命就是在俱乐部的社交吹牛生活中消磨时间，他应该有更重要的事情做啊。社交吹牛不能得到真正的朋友，只有思维的交互和心灵的靠近才能产生真正的友谊。

在这种落寞的自省心境中，萨维林发现了一个并不起眼的男孩子。他穿着宽松短裤而不是长裤，还光着脚丫穿着凉鞋。他有一个特别引人注目的鼻子、一头深棕色的蓬乱卷发和一双浅蓝色的眼睛。眼睛却包含着智慧和幽默，这是其他一些社交动物们所不具备的。在交换名字之后，他们发现其实对对方都有些耳闻。毕竟在小小年纪能得到 100 万美元的邀约或者赚到 30 万美元都是一件了不起的事。看起来呆呆的扎克伯格和萨维林交换了一些想法。他们的相识对日后企业的创建和发展具有里程碑的意义。

看过美剧《生活大爆炸》的人们应该对谢尔顿和莱纳德几个天才物理学家有很深的印象。他们高智商，但在学校社交生活中却频频碰壁，智商爆表的高材生在自己的圈子里找不到女友，需要去搭讪餐厅女服务员。西方文化中的社交明星都要具有亮眼的外表和优雅雄辩的谈吐，成为大家的焦点，就像他们的偶像总统奥巴马一样。扎克伯格这样的电脑天才在哪个俱乐部都会成为“壁花小姐”。只有“别有用心”的萨维林对扎克伯格产生了浓厚的兴趣，他继续邀请他去另外一个派对。

安德鲁·麦科克伦最著名的逸闻趣事是他曾和扎克伯格一起穿着睡衣和T-恤去会见红杉资本的风险投资家们，他们在与投资人的谈话中，并没有提及具体的合作项目，很任性地把著名公司的投资人耍了一会。这可以作为天才们桀骜不驯、不拘小节的明证。麦科克伦是个编程天才，Facebook 最早的图像设计师。2006 年 9 月离开 Facebook，返回哈佛继续读书。

这几个人都是扎克伯格哈佛大学的校友，他们有理想有愿望，即便离开了 Facebook 的平台，也都在各自的领域作出了成绩。也许对于这些精英而言，工作并非为了附加美好的物质生活，或者崇高的社会地位，而是为了心中的梦想，为了自我实现。这就是为什么他们大都在功成名就后还努力工作、低调生活、热心慈善。

这几个人的名字将永远与Facebook联系在一起。不管留下还是离开，这些优秀的年轻人都按照自己的心愿和计划行走。所谓成长并不一定要呆在一起，或者步调一致，也可能不在一个方向，速度也有快有慢，重要的是他们都在成长。

第二节　年轻人当中的头脑风暴

扎克伯格曾经编写出一个叫作“哈瑞·刘易斯的人际六度空间”的软件。人际关系六度空间在前面已经讲过，一个人通过六个人就能认识地球上任何一个人，很奇妙吧。显然，这个理论给扎克伯格留下了深刻的印象。哈瑞·刘易斯是扎克伯格崇拜的哈佛大学计算机系的教授。该程序利用《哈佛深红报》上刊载的文章辨析相关人物间的关系，并基于这些与刘易斯有关的文章链接扫描绘出一个异想天开的相关人际网。在软件里输入任何一位哈佛大学学生的名字都能得出他与刘易斯教授之间的关系。在哈佛一开始他的才华都是通过编写一些有趣好用的软件来体现的。他一直在探讨如何把人际关系网络搬到网络虚拟世界，或者通过更多更深层的联系分享信息和消化信息。

扎克伯格在学校选修了奥古斯都时代艺术这门课，但是他几乎没有上过课，为了在有限的时间内临时抱佛脚，他又一次利用了大众的智慧。快到期末的时候，他就将这门课的图像拼成一系列的图片，用电子邮件的形式发给班上的其他同学，其中不乏对这门课有很深理解的同学，邀请他们登录局域网查看，并敦促他们研究探讨，然后在每幅图片上添加评论。他花了一个晚上的时间来研读这些评论，吸取大众的智慧。最后，他竟然通过了这门课的考试。互联网的妙用就在于不断开发和利用。难怪有人说，学霸的世界你不懂，学霸加天才的世界你更不懂。

在最早创业的同学眼中，扎克伯格的道具之一就是一块白板，两米长，很不方便，但扎克伯格为了及时把想法和点子记录下来，或者在上面记录代码或做演绎，随身总拖着这块板子。莫斯科维茨后来回忆说："他真的喜欢那块白板，也许他并没有让自己的想法更清楚明了，但还是想在板上把它们表达出来。"貌似这是电脑高手的标配，他们可以随心所欲地在上面写一些让人眼花缭乱的方程式和符号，以及延伸出来的各种变来拐去的线条。扎克伯格编写的很多软件都是从这个白板产生的。他像任何一个极客一般沉浸在大脑高速运转的喜悦中难以自拔。在上面神经兮兮地写写画画，好在他有一帮热爱他的好室友。屋子的一角堆放着零食和饮料什么的。他们只对自己的世界感兴趣。经过几周的思考计算和编写代码，"课程搭配"这个软件产生了。他说，做这个纯粹为了好玩。这个软件的用途是帮助学生们根据别人的选课情况来选择课程表。只要在网页上点击一门课程，就能发现谁报名选学这门课；或者点击一个学生的名字就能看到他选择了哪些课程。比如说你认可某位同专业学霸的学习能力和眼光，那么可以通过参考他的选课情况来定夺自己的课程。比如遇到哪个令人眼前一亮的美女，怎么能创造条件跟她多接触呢？课程搭配解决了这个难题，如果你知道美女的名字，你完全可以通过这个软件来查询美女的选课目录，用以制造更多的机会接触她。连扎克伯格后来提起此事时也对自己的远见颇感自豪："通过事物就可以把人联系起来。"当时有数百名学生使用"课程搭配"，不仅有趣，还很有用。哈佛的同学们觉得这种以人定课的选课方式很酷，扎克伯格编写的程序正是他们想要的，他们愿意尝试新东西。哈佛是适合创新事物发扬光大的一片沃土，这里有世界上最聪明的头脑，他们无时无刻不在准备接受更有趣和更有创意的新事物。

作为网虫和电脑高手，扎克伯格编写了许多虽然幼稚但却有着不少人追捧的小软件和小网站，由此引起了很多人的重视。他喜欢编些小项目，一年时间内做了 12 个项目。当然，哪个项目都是合作的结晶，大多数都是关于“发现人们如何通过相互参照建立联系的”。

我们更愿意相信网站 Facemash 是天才扎克伯格借酒浇愁、无聊之余的又一次恶作剧，而不是所谓失恋造成的心里苦闷而进行的报复行为。他是个感情理性并且有节制的人，不会像八卦新闻里那样是“愣头青”。他总能通过联接和互动抓住其他学生的兴奋点，比如这次他的 Facemash 就是用来比对女生的图片，可以评论可以打分。把两张美女照片放在网上，大家踊跃评论和打分。新网站刺激了正值荷尔蒙分泌旺盛的青春年华的男女学生。如何获得这些数目众多的照片呢？扎克伯格尝试了黑客行为，轻易破解了学生宿舍的密码，获取了 12 栋宿舍楼中 9 栋的学生照片。整个项目用时 8 小时，于次日凌晨 4 点大功告成。他将自己下载下来的照片上传到了 Facemash 的上面，并将网页链接发给周围的几个好朋友，没想到结果是一致的好评。这一切让扎克伯格每上传一张照片，每发出一条链接地址，都会有一点成就感。天才利用了别人的睡眠时间创造了一个伟大企业的前身。虽然这过程有点不光彩，但是 Facemash 在第一夜就吸引了 450 位访问用户，并且产生了 2.2 万页面浏览量。在之后的几天时间里，他不断关注网站的访问量，这个网站的链接被发给更多的人，Facemash 火了。它带给很多人欢乐，也激怒了很多人。扎克伯格不经照片主人同意便将照片使用于自己的网站上是侵权行为，不仅被学校知晓，还引起一些女权主义者的反感。学校给予他留校察看的处分。校报

《深红》还对他的事情进行了报道，当然不是以宣传为目的的，认为扎克伯格是“迎合了哈佛学生最低俗的风气”。同时也有评论员承认，“像这样以浅显的标准评价周围人而无须直接面对任何评判对象，我们哈佛学生自然会为之着迷的”。他们也不能抹杀 Facemash 的趣味性和流行性。

Facemash 被迫关停了。时隔多年，其域名在 2010 年 10 月 5 日挂牌出售，就在讲述 Facebook 诞生故事的电影《社交网络》上映的前几天。以 30，201 美元拍卖成功。拍卖公司 Flippa 总经理 Dave Slutzkin 证实，拍卖赢家既不是 Facebook 员工，也不是拥有 Facemash 域名的《社交网络》电影制作方索尼影业。让人联想会不会是某位怀念 Facemash 的哈佛毕业生。2012 年 7 月，中国山寨社交网站出现——武汉大学版本的 Facemash 网站产生，网页每次摆放两名男同学或女同学的照片，通过点击鼠标，网友可以选出更帅的男生或更美的女生，双方还可以“战平”。此外，网站还罗列了前 12 名美女和帅哥。

轰轰烈烈、昙花一现的 Facemash 虽然消失了，但也引起了扎克伯格同类的关注。也许在普通学生眼中，扎克伯格是个违背校园纪律的坏学生，还窃取他人隐私，对女性不尊重。但是，对于同样热衷于冒险的天才们，扎克伯格让他们如获至宝。当时，哈佛大学经济学专业有一对温科吾斯兄弟卡梅隆·温克莱沃斯与泰勒·温克莱沃斯。两兄弟此时正在制作一个名为 Connectu 的社交网站，并且有雄心壮志准备连接波士顿地区 50 所院校的学生。在通过《深红》看到 Facemash 的报道之后，他们眼前一亮“这个真是太酷了”。他们通过朋友获得了扎克伯格的邮箱地址，然后给他发了一封邮件，“您好，马克，我在我的朋友那里获悉了你的电子邮件地址。不管怎么样，我和我的团队非常需要一个懂得 PHP（超级文本预处理语言）、SQL（结构化查询语言）的网站开发员，而且，最好还能够懂一点 Java 的基础知识”。他们认为扎克伯格是其同类，准备邀请他加盟大干一场。

哈佛大学真不是培养书呆子的地方，这里集中了最优秀的问题解决者和最聪明的大脑，最富有创新意识的团队，迎接扎克伯格的是与同样出色人群的交流、碰撞、协作、创造。年轻没有什么不可以。他们终将通过头脑改变世界。穿着“代码猴子”标记的扎克伯格随心所欲地利用自己的聪明才智，游刃有余地应付学校生活，显示自己的智力优越性。

第三节　和温科吾斯兄弟的交集

双胞胎温科吾斯兄弟也不是无名之辈，他们是哈佛大学的名人。身材高大帅气的两人是哈佛的赛艇运动员，还是坡斯廉俱乐部的成员，走到哪里很难不引起别人的关注。他们之所以在 Facebook 的成长过程中写下了浓墨重彩的一笔是因为和扎克伯格关于创意窃取的官司。

萨维林对两兄弟有一些了解，他向扎克伯格隆重介绍了兄弟两人。萨维林也有自己的担心：扎克伯格和两兄弟完全是两种人，前者是个子矮小、皮肤白皙的技术宅男，性情古怪而脑洞大开，后者是高大帅气的学校的风云人物。他们之间是否能够和谐相处，成为朋友还是问题。萨维林安慰扎克伯格说：“没关系，你拒绝他们也没有问题。”扎克伯格深思熟虑后，看到了这个邀约背后的机会，他决定同两兄弟进一步联系。通过邮件联系，他逐渐了解到两兄弟的想法。两兄弟在邮件往来中进一步确定了扎克伯格的价值，他们的网站还有 10-15 小时的编程工作需要做，所以急切邀请扎克伯格实际会面。地点选择在食堂，两兄弟充分发挥了社交明星的作用，他们主动做自我介绍，因为他们觉得眼前这个苍白矮小、很有个性的年轻人有点内向。他们是有效率的沟通者，试图用最少的语言尽快把自己的想法告诉扎克伯格，以期望他对加盟与否作出定夺。两兄弟告诉扎克伯格，他们想建立一个网站——一个很大的令人激动的社交网站，不仅局限于哈佛大学，还要辐射周边50来个学校。名字暂时叫作哈佛联谊会。网站主要用于约会和联谊两种异性最常用的交友形式。他们认为传统的一些男女同学认识的方式显得草率而肤浅。通过他们的网站学生们可以发布自己的图片，放一些个人信息在上面，如同是向广泛的异性同学发出邀约。自然能够吸引他们的同学前来交往。随着两兄弟叙述的不断深入，扎克伯格越来越兴奋，他们的谈话启发了他的好奇心。他希望两兄弟告诉他更多关于他们所做的事情。

Facemash 只是简单将窃取来的女生照片放在网站上就造成了轰动的效应。如果是她们自愿将照片放上去，自己完善相关信息和注释，包括他们在哪里长大、年龄、爱好，正在上的课程，以及他们在网络上希望找到什么：友谊、爱好或其他任何东西。那么这个网站将会带动一股潮流。哈佛联谊会将能推动产生真正意义上的网络社交圈，而不是通过其他一些聊天软件毫不知情地聊天，正如网络时代那句著名的话："你永远也不知道网络那头是不是一只狗。"真正意义的社交是对生活中社交圈的复制，更迅速有效、也更扩大化。通过其他软件和网站，你认识的是货真价实的陌生人，而通过哈佛联谊会你能够通过关注朋友来认识朋友的朋友。如果你是哈佛联谊会的用户，你可以把自己在生活中的想法、照片、工作等，通过文字图片等形式放上去。你只有是另外一些用户的现实好友才能进入他们的主页，看他们的信息。哈佛联谊会还可以实时传播信息，任何一个个体都可以成为信息源。它的出现可能会提高哈佛等学校校园内消息的传播速度和真实度。这种模式类似现在我国的微信，而不是微博。微博是面向大众的，微信是面向朋友圈的，对陌生人设限，除非你是公众账号。哈佛联谊会扩展了学霸宅男宅女的交际圈子，使他们的交际不受时空的阻挠。这些想法也许并不是温科吾斯兄弟提出的，而是扎克伯格在日后不断完善的，谁也没有他能够把心理学和电脑技术完美结合起来的本事。

温科吾斯兄弟告诉扎克伯格这个网站如果成功的话就能赚到很多钱，况且他们还认为，这能帮助被大学点名批评的扎克伯格获得一些好的声誉，扭转局面。温科吾斯兄弟承认他们并不是懂生意的人，只是觉得点子很棒。他们是哈佛大学的运动明星，在社交界也如鱼得水，但在写代码和开公司的事上貌似脑子不灵光。扎克伯格也并非是一般的乖孩子，他并不是太在意学校对他的处分和别人对他的看法，这从他标新立异的行为就能看出一二。温科吾斯兄弟认为扎克伯格会接受邀请的理由并不成立。

众所周知，哈佛联谊会没有做成，其中的原因也许只有当事人自己知道。据扎克伯格的重要好友萨维林所说，扎克伯格抱着看一看的态度接受了温科吾斯兄弟给他的网站后台工作密码。他在看过两兄弟描述得十分美好的网站之后，认为两兄弟的网站十分幼稚，只是为了好玩，没有什么技术含量，根本不值得他出马，所以他没有和两兄弟一起工作过。假如合作失败后他们就各奔东西，那么也不会有后来旷日持久的官司和控告。可是扎克伯格是个有心人，也许在创业之初他受到了温科吾斯兄弟的启发，但是在创业失败后，独自打响攻坚战的却只有扎克伯格和他的兄弟们。温科吾斯兄弟控告扎克伯格“窃取了他们的创意”，这种说法别人也难以查出真伪。不过要是追究起来，可不可以说温科吾斯兄弟俩也借鉴了扎克伯格的Facemash呢？这又成了一桩鸡生蛋、蛋生鸡的公案。哈佛大学前校长对温科吾斯兄弟起诉扎克伯格的行为非常不满，他认为两兄弟狂妄自大，是混蛋。这种犀利的言辞他很少在公共场合发表过。最终两兄弟经过旷日持久的官司拿到了 6500 万美元的赔偿，起码从金钱上来看，两兄弟还是获益颇丰，手段确实让人鄙视。

在此后，扎克伯格有意拉与他惺惺相惜、旗鼓相当的萨维林入伙。萨维林可以为他提供启动资金，还是一个显而易见的好帮手。

也许温科吾斯兄弟只是作出了一个朦胧的创业提示，而扎克伯格却带领着工作团队，不惜辍学把这个提示做成了一个现实。比尔·盖茨、乔布斯和扎克伯格分别定义了属于他们的电脑技术时代。

第四节　Facebook 在众多社交网站中脱颖而出

发现社交网站商机的并非温科吾斯兄弟一家，校园里的很多学生都在尝试做网站，交际能力较强的萨维林还认识很多试图在宿舍里创立在线生意的学生。他们的网站大多都有和温科吾斯兄弟的网站一样的社交功能。但是，没有一家网站能够像扎克伯格头脑中设定的那个网站一样打动见多识广的萨维林。萨维林具有强大的商业头脑，他也许在具体电脑技术业务方面并不精通，却有着一双可以发现价值的眼睛，从一堆泥土中间发现闪闪发光的金子。

扎克伯格急切需要萨维林的支持，开办网站需要 1000 美元，萨维林有石油生意所赚的 30 多万美元，开办网站的钱对他来讲真的不算什么。萨维林一直很关注扎克伯格的想法，在扎克伯格受到温科吾斯兄弟构思出自己网站的时候，萨维林是参与其中的。他当然为志同道合的朋友提供了这 1000 美元的赞助。“网站运营后产生的利润三七分”，扎克伯格突然主动提出利益分配的事情，“我七你三。你可以做公司的首席财务官。”萨维林接受了扎克伯格的提议，这个如此有趣的网站值得1000美元。萨维林和扎克伯格拉来室友组了个团队就开始了没日没夜的编程工作。“桃园三结义”的第三个人是莫斯科维茨，他非常热心于加入团队。在扎克伯格提出他不会编程这个问题时，他居然自学成才。为了报答莫斯科维茨的这份热心肠，扎克伯格从自己70%的股份中分出5%给他，萨维林继续保持自己30%的股份。休斯也被争取来了：扎克伯格是首席执行官，萨维林是首席财政官，莫斯科维茨是副总裁和网站主管，休斯是宣传总监。

Facebook的名字是扎克伯格想出来的，脱胎于Facemash。他在Facemash被迫关张大吉之后听到了来自学生们的呼声：想要官方建立一个类似于Facemash的合法网站。因此，他非常高兴，在官方还没有任何行动之前，抢先将网站命名为The Facebook。2004年1月，扎克伯格向域名公司Register.com支付了35美元，注册了The Facebook.com一年的域名使用权。2004年2月4日下午，他在宿舍点击了自己在Manage.com的帐户链接，Facebook从此启动。网站页面很简洁、明快，符合人们的审美要求，操作简便。在内心深处有独裁欲望的扎克伯格还没有忘记在网站末尾添加了“马克·扎克伯格制作”字样，维护版权。

上线后，数天加班加点工作的萨维林和扎克伯格想彻底放松一下：他们相约出去喝酒。后来他们组成公司后还一直延续这种高强度工作之后狂欢的习惯。

Facebook用通俗的语言讲，就是实名制的网络社区，也即是把现实的人际关系复制到网络上，只是更扩大、便捷了而已。利用了人们“窥视欲”“自我表现”等心理。用户可以通过网站晒自己的生活、工作、理念、信仰，他的朋友圈的人也可以通过网站去浏览他们的生活。用户有自己的页面，上面有照片、图片、状态、兴趣、爱好及寻找的目标。这是完全自由的平台，也许会有隐私权的担心，却无碍于它的流行。在 The Facebook 上，用户不仅可以与朋友进行双向的沟通和交流，还可以进入朋友的社交圈子，和他的朋友成为朋友，这是熟人效应，从而在网络上实现现实生活中社交关系的拓展。整个 The Facebook 社区更像是一个传统意义上的小镇，大家都经营着一个不小的虚拟人际关系圈子。只是这个社区更年轻、更开放、更富有趣味性，也更倾向于异性之间的吸引。年轻男女可以在网站上尽情展示自己的个性。虽然 The Facebook 一开始的设定并不单纯是联谊和约会，但在初期它在这两个方面发挥了巨大的作用，至于后来它在总统竞选中发挥了巨大的作用是大家始料未及的。

The Facebook 上线后，最早的用户是扎克伯格和萨维林的朋友们，还有其他一些同学。然后，为了扩大用户群，他们选择用电子邮件群发链接的形式争取更多的用户。随着上线人数的几何级增加，哈佛大学的学生可以在 Facebook 上搜寻自己学院的同学、自己班级的同学、自己朋友的友人，也可以到 Facebook 上来勾画出完全属于自己的社交关系。网站一开始只是针对哈佛大学的学生，因为注册邮箱必须是哈佛大学的。扎克伯格始终相信，开放性和私密性是如影随形的。只有这种限定，才能保障哈佛大学学生信息的私密性和交友质量。慢慢地扎克伯格把网站扩展到同等的学校：波士顿学院、波士顿大学、麻省理工学院、史丹佛大学、达特茅斯学院、哥伦比亚大学、纽约大学、康乃尔大学、布朗大学、耶鲁大学等等。从一所大学一瞬间蔓延至多所大学，Facebook 一时间膨胀了数倍。同校学生之间可以形成社交圈，同外校学生也可以有交集。Facebook 的用户数量在这种高效的模式下猛增。网站上线的第 4 天，注册用户就已经超过了 900 人。到第 5 天，就已经超过

1200 人了。

Facebook 占领了自媒体网站的高地，获得了几乎全部在校生的高度关注。曾经对扎克伯格作出批评的校报哈佛《深红报》再次采访了这个处于风口浪尖上的小子。校报再一次提到了扎克伯格窃取别人信息的不光彩往事，扎克伯格刻意强调："保持警惕，确保用户上传的资料没有受到版权保护。"这次的采访带来了正面积极的效应。通过媒体的访问和传播，马克·扎克伯格马上成为了哈佛的超级红人，这进一步促进了 Facebook 注册人数的迅猛增长。2004 年年底，在扎克伯格和室友们的辛勤努力下，Facebook 运作良好，非常顺利地成为了拥有超过百万用户的网站，震惊了其他门户网站。他们在短短的时间内，也击败了哥伦比亚的"CU 社区"和耶鲁的"Yale Station"等同期出现的社交网站。

有人说，哈佛大学有辍学的传统，比如比尔·盖茨，还有扎克伯格。辍学和成功之间并没有必然的联系，他们都是在事业有了一定起色之后才全心关注于工作，然后辍学的。哈佛大学有良好宽松的氛围，学生中途可以休学，如果想回来念书，可以随时回来念书。所以，牺牲掉的可能只是几年的青春时光。扎克伯格看到了 The Facebook 的巨大成功潜力，他权衡之后，愿意拿出全部的精力放在事业上。这时候的 The Facebook 虽然没有拿到多少投资，但作为互联网企业，实实在在的用户数量就是真金白银。扎克伯格带着自己的创业团队搬到了加州的帕罗奥多，他们把一间小房子改成了办公室，The Facebook 开始有了一个比较正式的基地。2004 年中期，扎克伯格从著名投资商皮特·泰尔那里拿到了 50 万美元的投资。还有很多商家想把 The Facebook 买下来。他们拒绝了这些请求，认为这样做不符合最初的设想。

创业之初注资的 1000 美元很快用完，扎克伯格和莫斯科维茨又分别注资了 1 万美元。萨维林看准了 The Facebook 的商机，他说服扎克伯格把一部分网站的地方租给广告商，主要是为搬迁服务、T 恤或其他大学生常用的产品做一些广告。他们像更多的学校用户招手，那么承载后台的服务器受到了考验。他们发现使用 MySQL 数据库和 Apache 在线服务器工具等免费开源软件可以让网站负担起全部运行的任务。

第四章

聚会遇到 MISS RIGHT

——“平凡的陈小姐”

令人大跌眼镜的是硅谷新贵扎克伯格完全没有绯闻。好事者们纷至沓来，希望捕捉到一些关于扎克伯格在《社交网络》中的蛛丝马迹，他不仅在生活上奉行极简主义，在爱情上也奉行极简主义，一旦认定终身伴侣，就坚定不移地结婚、共同生活。他身上少了同龄人的浮躁气，多了一份稳重和责任。他大概是硅谷最靠谱的 CEO 了，给全世界的 IT 男们做了一个表率--多金且专情。扎克伯格的终身伴侣是一个叫作普莉希拉·陈的华裔女孩。在公开的资料中，有些外貌协会的人士看了她的照片后认为她长得不好看，平淡无奇的五官，略黑的皮肤，跟那些新贵们的模特女友、明星女友们简直没法比较。但是谁也无法忽略她的笑容，那种自信而温和的笑容，没有攻击性，从容而坚定。她是二代移民，娘家做餐馆类的小生意，她过早投入到家庭琐事和家务中，成为父母的左膀右臂。平凡的出身并不妨碍她成为自己想成为的那个人，她实现了儿时的梦想，考上哈佛大学，并且一直追寻自己的价值和事业，在婚后也没有成为扎克伯格的附庸。扎克伯格的巨额财产并没有实质性地改变他们的生活方式，她还是低调而简朴，只是运用丈夫的财产帮助了更多的人，做了更多的慈善，她是个富有爱心的人。

第一节　普莉希拉·陈

如果不是嫁给了扎克伯格，普莉希拉·陈可能只是个默默无闻的哈佛大学医学院的亚裔毕业生。因为扎克伯格身价倍涨，成为大众关注的焦点，人们开始关注起了他身边的人——普莉希拉·陈。她出生于 1985 年，属于二代移民，是扎克伯格黄皮肤的妻子。她的存在拉近了扎克伯格和中国的关系。

她来自于勤劳的亚裔家庭。普莉希拉·陈是个亚裔美国人。亚裔美国人是指具有亚洲血统的美国公民，包括华裔美国人、菲律宾裔美国人、印度裔美国人、越裔美国人、韩裔美国人、日裔美国人或其他血缘来自于亚洲的美国人。总体来说，亚裔美国人在美国所有族群中拥有最低的贫穷比率、最高的教育接受率、中等的家庭所得及个人所得。这与亚裔的聪明、刻苦和坚持不懈的追求有很大关系。她的父亲最早是亚裔越南人，后来在 20 世纪 70 年代带着越南妻子依凤以亚洲难民的身份来到美国。如果不是来到这个神奇的国度，他们也许还在越南过着底层人民的生活。如同其他华裔一样，他们勤劳地工作，一天工作 18 个小时支撑自己位于波士顿的小餐馆——亚洲风味。1985 年，他们迎来了第一个孩子、女儿普莉希拉。随后女儿伊莱恩和米歇尔又相继出世。靠着细心打理和勤勉的作风，陈先生将亚洲风味经营成了一家拥有 87 个座位的中型餐厅。因为长期的劳累和重复劳作，陈先生决定离开这一行。2006 年，他把餐厅转让给了现任老板斯里万纳维特，并且改名为 Pho &I。现在陈先生在经营鱼类批发商店，工作可能比开餐馆要有趣，或者轻松一点。

亚裔的觉醒之路。让我们再次回到亚裔这个话题上来。我们在相关的报道中总能看到对陈的亚裔身份的强调，甚至冠以“麻雀变凤凰”的调侃。其实亚裔现在在美国社会中的地位不断提高，亚裔开始出现在议会中，掌握一定的话语权。亚裔的权利争取和意识觉醒经过了几十年的过程。在 20 世纪四五十年代，亚裔美国人几乎无条件认同美国的文化和意识形态。他们好不容易抓住机会来到了梦想中的美国，做着各自的美国梦。他们首先是力图在美国社会站稳脚跟，最终融入到这个社会中。20 世纪移民到美国的亚洲人跟先前移民到美国的犹太人、爱尔兰人和意大利人不一样。亚洲移民独特的相貌使得他们很难融入到美国社会，但是同时他们的高教育程度和技术水平能让他们早日加入到中产阶级的行列。亚洲人不是紧密地聚集在市区的少数民族居住地，而是分布在郊区，这里他们常常是孤立的。正是在这里，他们的孩子长大成人，脚跨两个世界——他们的父辈试图在家中保留的传统领域和门外飞速变化的西方社会。陈的一家就是这种移民模式。

到了 20 世纪六七十年代，他们开始自我觉醒，理性地看待美国，希望恢复自身的独特性，包括文化、思想、行为、信仰、生活习惯，而不是全盘西化，确立亚裔美国文化在美国社会的真正地位。这种转变具有里程碑意义，它反映了美国泛亚裔族群意识的深度觉醒，是所有亚裔美国人在特定历史时段取得的丰硕精神成果。在第二代亚裔身上已经很难看到文化冲突的痕迹，他们更加具有多元化的包容性，既认同美国社会主流文化，也对自身文化保留了浓厚的兴趣。陈就精通广东话，这显然是从父母那里继承来的。扎克伯格受到感召，也努力在工作和健身之余，每天学习中文，甚至在清华大学用中文进行了演讲。

教育影响了她的人生。亚裔家庭一般都重视孩子的教育，即使是生活条件并不富裕的陈家也愿意在孩子的学业上慷慨支出。她表示：“对于我来说，教育是一个重要的个人问题。如果你是家里第一代上大学的子女，有时你不会意识到自己的潜力，直到别人指出来。”她的伯乐就是公立学校的老师，后者让她对学习着迷。

陈的家庭教育基本来自与她只会讲广东话的奶奶。陈的奶奶是一位令人尊敬的老妇人。在她身上有着传统中国人的美德。由于父母工作繁忙，没有时间照料年幼的孩子，所以普莉希拉年幼时主要是由奶奶一手带大。尽管奶奶不懂英文、只会说中文，但是却是一位颇有眼界的老人，从小便潜移默化教给孙女做人的道理，从而养成了普莉希拉自立、自信、自强、达观的性格。据普莉希拉现年 66 岁的中学老师彼特·斯万逊回忆:“奶奶是普莉希拉的情感支柱，对她的人生产生了巨大的影响。”

陈懂事能干，她将原因归结于她的长女身份。她说：“我在家里排行老大，我可能是最典型的长女，我一直在使唤我的妹妹干着干那。”她是个实干派的好姑娘。

谁能拒绝独立而优秀的女性？扎克伯格对陈十分尊重，她是一位优秀而善良的女性。哈佛大学医学院学生的录取十分严格，能进入其中进行学习的都是优中选优的学生。她在高中时曾经获得“班级天才”的荣誉，得到这一荣誉的另一学生是原子物理学家。她在少年时期并没有像扎克伯格一样有条件读各方面更优越的私立学校，她却和扎克伯格一样考进了世界最好的大学之一哈佛。她的中学老师曾经回忆说:“当时她只有十三岁，跑来问我怎么才能考上哈佛大学？我当时就震惊了，从来没有一个十三岁的孩子这么问我。她很清楚自己要什么。当她考入哈佛的时候，她高兴地跑过来告诉我：看，我说过我能考上哈佛的。”高中毕业的时候，她作为学生代表致辞。普莉希拉是昆西中学网球队成员，还赢得过科学技术挑战赛冠军，并受苏斯博士（Dr Seuss）《哦，你要去的地方》一书的启发发表了毕业演讲。

她和扎克伯格坚强独立开明的父母一样，并不依附于扎克伯格，她从恋爱之初便保持人格独立性，坚持自我。陈从哈佛大学拿到生物学学士学位后，先是在马塞诸塞州当地最著名的圣何塞哈克学校当了两年科学教师，2008 年又考入加州大学医学院开始儿科研究生课程。她热爱孩子，说孩子给予她很多灵感，她愿意跟孩子们呆在一起。她也有一颗博爱的心。在培训期，她看到了许多患病儿等待器官移植的现况，促使她说服扎克伯格在 Facebook 上增加了一个器官捐助注册工具:“陈看到患儿们病情加重愁眉不展，突然之间有一个器官可供移植了，某个孩子的生命将会因此而变得更美好，她回到家整张脸都会亮起来。”

扎克伯格和她之间的爱情是经过时间距离考验的成熟的爱。他们在心灵上互相支撑。扎克伯格会觉得找这么一个女友很安心，认为她一直都在那里，给他很大的安全感。她了解并包容扎克伯格，小心翼翼地保护他。她对伴侣充满溢美之词，“很遗憾，人们没法像我一样看到扎克伯格有趣、体贴的一面，”她说，“他非常敏感，真的很重视其他人的需求，真心希望能够让其他人快乐。这就是我了解的扎克伯格。”她拥有善良、豁达、包容、勤奋和上进等优秀的品质，即使不是遇到扎克伯格，遇到其他人她也能过好自己的人生。陈为了和扎克伯格的爱情保鲜，她下发了约会的“约法三章”：每周至少约会一次，每次约会时间不得少于 100 分钟，而且不能在网上，必须实实在在见面，还不能在扎克伯格家中。陈善于经营感情，她这种细心的呵护才稳固了两人之间的感情纽带。陈在爱情中扮演了给予安全感的角色，她如同牛奶一样，虽然不刺激不猛烈，但是滋润人的心田，是值得相伴终生的成熟女性。现在他们虽然还没有孩子，但是养了一只牧羊犬，他们也经常在自己的 Facebook 页面晒出这只牧羊犬。她传递给扎克伯格的都是正能量，比如，扎克伯格向学校捐献巨额捐款都是受到陈的影响，因为她关心教育。

普莉希拉·陈不是拜金女，她不太愿意花扎克伯格的钱。一次普莉希拉·陈与扎克伯格的妹妹一起逛街购物，普莉希拉·陈看中了一双价值600美元的鞋子，但她却没有购买。扎克伯格的妹妹说：“你们这么有钱，买得起，为何不买？”普莉希拉·陈回答道：“那不是我的钱。”也即是这份从容淡定的气质赢得了世人的尊重。她内心充实、行事低调，很少接受媒体采访，也从不打着丈夫的旗号出去工作或者社交。她很重视自己和家人的隐私。所以大家只能从她在Facebook主页上的更新内容来推断她在生活中是怎样的一个人：

爱设目标，爱上美食网站，喜欢番茄干，爱给狗狗拍照，还承认自己会“每5秒”查看一次手机，这就是她。

她描述自己“爱做饭，也爱清淡食物”，同时更喜欢艾德熊快餐。“我就是这么一个普通人”。

她会英语、西班牙语以及广东话。她就是这样：既优秀，又接地气，很讨人喜欢。

第二节　一次终生难忘的邂逅

“有人说我创建Facebook是为了泡妞，那是他们根本就不知道，我在创建Facebook之前就已经在跟现在的女友约会了。”扎克伯格在一次公开场合这么替自己分辩，同时也为贤惠聪颖的女友证明身份。

有人言之凿凿地说陈和扎克伯格相识于2004年哈佛的一次同学聚会，也有人说他们相识于一次派对间歇上厕所排队时。陈在美国的《今日秀》节目中披露：他们相识于上厕所排队时。在哪认识根本不重要，重要的是她们的爱情马拉松长跑获得了结果，他们结婚啦。

陈在节目上回忆起那次短暂的相遇：2004 年一次哈佛校园的普通学生寝室聚会上，四五十名男生加上三四名女生簇拥在一间狭小的寝室里。人这么多，却只有一个厕所，人满为患。扎克伯格对这位亚裔女孩应该是一见钟情，他告诉她自己还要准备期中考试，但是他不想回去，想跟她呆在一起。她先让他回家复习，而他认为这是女孩对他的拒绝，于是花费了大量的口水试图说服她让自己陪伴她。

陈的亲和力和温暖的笑容融化了扎克伯格敏感的内心，从此成为扎克伯格传奇人生的重要组成部分。他那么重视她，2010 年，专门陪她到中国进行旅行，前期还学了一年的中文，据说可以与陈年迈的外婆对话了。扎克伯格和普莉希拉于 2010 年 12 月 20 日凌晨抵达北京首都机场，之后到百度大厦同李彦宏进行非正式会晤。实际上，李彦宏与扎克伯格早已有过数次接触，在传言中，两人的私交非常好。除了这次会面，两人已经有过两次接触：2010 年 7 月，在美国太阳台峰会上，外媒报道李彦宏与扎克伯格两人坐在室外长凳上相谈甚欢；在 Web 2.0 峰会中，两人再次聚首，也有非常不错的互动。两天后，扎克伯格携女友造访了新浪，和百度不同的是，新浪内部在一个星期以前就知道了扎克伯格要来的消息。但是扎克伯格和女友的到来还是让人措手不及。他们怕北京堵车迟到不礼貌，所以提前出发，到的太早又不好意思上去打搅。所以他们就在大厦一楼安静地呆着，一个看书，一个玩手机。与普通年轻情侣无异。因为消息早都放出来了，所以扎克伯格在楼下被一些人认出来，如果有人请求与他合影，他都是来者不拒，显得很谦逊。围观者说：“他像是一个很害羞的人。在公众场合，你基本听不到他说话。”在扎克伯格来华的四天里，他没有一天不是会晤同行巨头，会过了四大 IT 巨头：百度李彦宏、中国移动王建宙、新浪曹国伟和阿里巴巴的马云。这个度假行程可以看出中国市场在扎克伯格心中的份量。

陈和扎克伯格都是事业型人士，他们虽然声称这次旅行完全是私人度假行为，但这份行程完全可以说明问题。当天下午他们游览了故宫，然后拜访了许多陈在中国的亲戚。

陈和扎克伯格的感情也不是一直一帆风顺，在 Facebook 的初创期，他们公司还在硅谷，因为相隔千里，他们曾经短暂地分开过。期间，扎克伯格跟几个女生交往过，包括加州大学伯克利分校的一名女生。经过一段时间的冷静和思考，他们还是认为对方可以成为自己的终身伴侣。一名知情人士透露，陈 2007 年重返硅谷，在哈克私立学校当了一名老师，当时她向扎克伯格提出了重归于好的条件，包括结婚的可能性。此人说，扎克伯格并不答应，称他年轻的形象对公司而言是一笔重要财产。后来，他们达成和好。陈在和好这件事上有礼有节，不会无原则退让，她让扎克伯格对日后的相处模式作出了承诺。之后扎克伯格也一直兑现了承诺。有一次，扎克伯格受新闻大鳄鲁珀特·默多克邀请到新闻集团旗下的一个度假村做客，但他中途离开，对此他对默多克的解释是，要带陈出去看电影。2010 年 9 月初，扎克伯格在他的主页上写道:“普莉希拉·陈本周搬了过来，现在我们的每样东西都变成了两套。所以如果你需要任何多余的家用电器、盘子或杯子等，请在我将它们处理掉之前赶快来取走。”同居生活开始后，这对恋人的感情迅速升温。自然，Facebook 也成了他们晒恩爱的主要阵地。

他们的感情史简单和单纯到让一般人难以置信：真的就是这样吗？一点八卦的空间都没有吗？毕竟他们还那么年轻，况且扎克伯格又那么有钱。奉行给生活做减法的扎克伯格和陈是生活理念和爱情观上志同道合的朋友，他们都把时间和精力花在最重要的人和事情上，只要认准就会努力奋斗，不会朝秦暮楚、一事无成。一份稳定的感情对事业的促进作用也不容小觑。

他们不愧是高智商、高情商的精英人才，省去了年轻恋人经常上演的幼稚戏码，直接找到了人生的真谛和主题：和爱人生活在一起，共同进步。在Facebook 上市的第二天，他们就在房子的后院，举办了简单的婚礼。大概有不到 100 人参加了婚礼，著名朋克摇滚乐队绿日乐队主唱比利·乔·阿姆斯特朗还到场表演助兴。陈所穿婚纱价格为 4700 美元。该婚纱购自于小型婚纱店主克莱尔·佩蒂伯恩。佩蒂伯恩谈及这款婚纱时表示:“虽然这款婚纱在我们店里销量并不算最好……但销量也非常可观。”据悉，普莉希拉·陈所穿这件婚纱，由第三方人士为她购买。她所佩戴的极简主义红宝石戒指是扎克伯格为她亲自设计的。婚礼的通稿照片上，陈穿着样式古典的白色婚纱，面容恬静而美丽；扎克伯格穿了深色的西装、扎了黑色领带，一脸的阳光灿烂。逆光中，他们微微发亮，让见者无不惊叹于他们的年轻和美丽。

与其他借着老公名气出入高端社交场合的社交名媛太太们不同，陈是个务实的脚踏实地的人。如果她成为派对动物，恐怕就不会有扎克伯格对她那样的尊重和疼爱了。陈和扎克伯格之间是平等的爱、独立的爱、成熟的爱。陈没有像坠入爱情的女孩那样被冲昏了头脑，也没有各种热恋女人的“作”。她在努力经营这段关系，让两人的相处更加愉悦和轻松，同时又能在重要方面达成共识。扎克伯格虽然是个敏感的人，但也认同陈的做法，让一段关系脱离依附关系。曾经有人对爱情做过心理学的解读。爱情的依附理论让看起来成熟的成年人表现出婴儿般依恋母亲或者父亲的心理状态。因为母婴关系与恋人关系有着很大程度的类似：在一起时的心理满足和所谓的分离焦虑；“被无条件接纳”的心理需求和“最被重视”的心理需求(如果婴儿发现母亲不理他，就会哭闹来引起母亲的注意，期望母亲产生内疚来更好的满足自己)。曾经有人针对婴儿做了一项实验。把婴儿放在一间有玩具的房间内，让母亲离开一会儿，然后观察孩子的表现。结果，不同的孩子有四种表现形态：

1. 安全型依附：母亲离去时，婴儿表现出不快乐。母亲不在时不愿意玩玩具，母亲回来后张手希望被抱，被抱一会儿后就要下地接着玩儿。这样的婴儿长大后在恋爱中表现比较成熟，包容、谅解、易相处，尊重爱人，不论你需要个人空间还是亲近时，他/她都可以给你。

2. 逃避型依附：母亲离开的时候，婴儿没大的反应，母亲回来后也无反应，通过仪器监测也能发现婴儿有焦虑情绪，只是不表露出来。这与母婴平时的相处经验有关，婴儿学会了不期望母亲能长时间相伴。这类人在谈恋爱过程中，表现为比较冷漠，但是内心很需要爱情，只是不知道该怎样去爱，他们更倾向于通过网络等其他非面对面的渠道寻找感情。

3. 焦虑型，不安全型依附：母亲离开的时候婴儿表现十分激烈，哭喊打闹，母亲回来后还要打母亲，很久之后才会平静下来，边玩边关注母亲，怕母亲再离去。这类人谈恋爱的时候情绪波动大，所以他们首先要懂得怎样当一个快乐的单身，才能在关系中找到快乐。

4. 紊乱型依附。母亲要离开的时候婴儿表现慌乱，不知道该怎么办，母亲回来后亦不知道该怎么办，有时会出现张开手要抱的同时又后退不让母亲接近。因为婴儿的爱的投射对象——母亲，也是造成其痛苦的对象，爱恨交织。这种类型的人在恋爱中一般受伤很多，分手时常会做出比较出格的事，致命吸引。陈和扎克伯格之爱显然更倾向于第一类恋人。

第三节　他正在变得更加懂得社交

Facebook 登陆纳斯达克，CEO 马克·扎克伯格远程敲响当日开市钟，并称，上市不是公司发展重点，他们要“继续专注，不断前行”。

扎克伯格对于公司上市表现得并不热烈，“我们就敲钟，然后大家就该干嘛干嘛去”。他表示，Facebook 的使命不是成为一个上市公司，而是使世界变得更加开放和互通。纳斯达克幽默地为他送出了水晶开盘钟和“纳斯达克连帽衫”。他以在正式场合善穿连帽衫著称，这也许是他的品牌形象的一个方面。30 岁以前，他太年轻，有任性的理由和资本。像前面所讲到的一些胡闹的行为：比如穿着睡衣去见投资人，拉着员工去游乐场酗酒。逐渐他也认识到这些行为的不妥之处，人不可能一辈子都是少年轻狂。在 2010 年接受《纽约客》采访时，扎克伯格曾懊悔不已地说：“如果你要建立一个有影响力的线上服务，并且希望人们都信赖它，你就必须变得成熟……我已经长大了，并且得到了许多教训。”他在婚后变得更成熟和有担当。

“我记得，在 2007–2008 年期间，每篇文章都说这个毛头小子绝不会成功。”格雷洛克风投公司（Greylock）的合伙人、带领该公司对 Facebook 进行投资的大卫·斯泽（David Sze）说：“他们说，‘他无法阻止重要高管离开，他不知道自己在干什么。’但这是错误的想法。这家伙是个令人难以置信的例外。”曾经有人把 Facebook 首席财务官的离职看作是扎克伯格不成熟的表现。他的员工回忆这些离职的案例：一个相同的问题就在于，扎克伯格是一个很难对付的人，如果你做错了事，就算头一天还一切安好，第二天就会立刻变成不受欢迎的人。部分员工将此归咎于扎克伯格的不成熟，虽然他言行一致，并没有玩花样。

扎克伯格喜欢与人进行有建设性的谈话，而不是一时意气之争。他的下属认为，当人们首次与扎克伯格共事时，一个最大的误解就是认为自己不能积极发表意见。但在 Facebook 工作多时的老员工能深刻地体会到他是多么愿意参与到对产品的持续讨论中，而不是当一个独裁者。当然也有一些例外，但这只限于个别的情况。比如他非常确定自己想要什么，便会制定明确的决策，从而减少不必要的争论。他的集思广益是建立在建设性意见产生的基础上的，而不是毫无用处的挑刺和抱怨，或者一言不发。除了扎克伯格心中已有答案的时刻，员工应当一针见血地指出他的提案所存在的问题，最好还能给出建议方案。员工当然也不能轻易改变他的想法，但是经过较长时间的讨论，这些意见通常都能够对他的想法产生影响。即使他并没有在讨论的过程中肯定下属的想法，通过艰苦作业过程开发出好的产品本身就是一种褒奖。如果抓住这种建言献策的办法，员工就会发现自己在公司中越来越具有参与度，越来越有发言权。但要注意的是，和老板唱反调的目的是什么，并不是为了唱反调而唱反调，而是为了解决问题，获得最佳产品和技术方案。如果有员工跟不上扎克伯格的讨论脚步，今后便不会再被邀请参加这样的讨论。

扎克伯格不做老好人，他坚持自己的标准。扎克伯格并非性情中人，他有自己的坚持，有时候执拗到让人觉得他是处女座。每当扎克伯格检验一款产品时，他都在以全新的眼光看待这款产品。抛弃掉成见偏见和以往的经验，他不会因为其他产品或者现有产品的状况产生负担。即使是针对同一款产品，他每次都会以最高标准来审查产品的方方面面。从没见过有人为了要开发一款伟大的产品而放弃一款优秀的产品。但是为了开发更好的产品，他可以毫不犹豫地放弃耗时一年开发的另外一款产品。正是他的这个类似乔布斯的死磕精神，才成就了 Facebook 当前最大的战略优势之一：做最好的产品，做最大的努力。他会毫无畏惧地打破现状，即使处于千变万化的环境中，也会不知疲倦地追求他认为正确的事情。但对普通技术人员而言，抛弃自己设计了数月甚至一年的产品是相当困难的。因为他们一旦说服自己相信某件事情是正确的，而且花费了数周或数月时间认真参与其中，便很难抛弃那些执行细节或设计成果。

拿产品说话，不热衷抽象讨论。扎克伯格很少会根据抽象的理论讨论来制定产品决策，而是非常倾向于亲自尝试。在此之前，他通常不会做任何判断。在他的生活和互联网行业中所发生的事情对他看待产品的方式有着很大的影响。当争论无法改变他的想法时，说服扎克伯格相信这并非上策的办法就是把这个项目做出来，让他亲自使用一下。但如果在此过程中，你发现这个想法也不算太差，那也不要觉得奇怪。如果一个产品能够让他的体验更好地模拟用户的真实使用环境，他便能够提供更好的指导。

他是正能量的给予者。根据不同的对象，扎克伯格会用自己的办法催促对方在更短的时间内完成更多的事情，甚至超出人们所认为的合理范围。员工或许无法完成他高强度高标准的要求，但他们通常都会意外地发现，他们的成果的确超出了自己的想象。所以，鼓励员工试着诚实地与他商定预期，但不要害怕接受挑战。扎克伯格的员工认为他更热爱真理，对个人英雄主义的员工并不感冒。他们说，当你与扎克伯格共事时，必须要克制自己的欲望，不能将其视为一种个人的机会或者风险。这并不是你一个人的事情，如果你刻意地以某种方式来展现自己，那么在你和他以及做正确的事情之间便会产生一层隔阂。

总而言之，做正确的事情、追求最好的产品才是关键所在，扎克伯格正在学习如何在与员工和投资人的沟通中追求自己想要的结果，并且还能为自己正名。他拥有这样一种能力：能够将自己从以往的成功中剥离出来，并且借助敏锐的意识和稍纵即逝的机会制定决策，而且这通常能够将团队引向一条大胆、有时甚至让人感觉有些精神分裂的改革道路上来，这对于胆小者而言是很难承受的。

他现在不是比尔·盖茨第二，或者乔布斯第二，他是他自己，有自己的品牌和行事方式，并且这种行事方式在得到越来越多人的认同。

第四节　扎克伯格的三次拒绝

文学家柳青说过：人生的道路虽然漫长，但紧要处常常只有几步，特别是当年轻的时候。扎克伯格的成功要素之一就是远超常人的远见，他的几次重要抉择决定了今天 Facebook 的影响力和企业的高度。

第一次拒绝：他在高中时发明的 MP3 插件 Synapse 作用类似于今天的豆瓣电台，该智能软件可以分析用户的倾听习惯，以便于为听众匹配爱听的歌曲，是 Pandora 软件的雏形。这款插件为他带来了最早的声誉，当时包括美国在线和微软等著名公司都向他抛来了橄榄枝。美国在线很喜欢他的软件，努力争取他的加盟，开出了令人乍舌的百万年薪。但是他不为所动，坚持去哈佛大学读书。对他来说，“赚钱不是目的”。

第二次拒绝：扎克伯格运营 Facebook 赢得的数目庞大的用户群引起了比尔·盖茨的注意。比尔·盖茨欣赏扎克伯格的才华，开出数百万美元的高薪邀请他加入微软。扎克伯格拒绝了，他说：“微软以 windows 发家，而承载我梦想的是互联网。”他对公司的目标和理念一直很坚定。

第三次拒绝：就是著名的雅虎收购案，10 亿美元的拒绝，需要拿出很大的魄力。纵观扎克伯格的职业生涯我们就会发现，金钱在扎克伯格的决策影响因素中占比很少，尤其是涉及自身薪金的时候，近几年他已经宣布只领取 1 美元的年薪，加入了“一元年薪俱乐部”，“保持专注、继续前行”。

扎克伯格的每次拒绝从长远来看，都是其发展道路上的正确而重要的一步。第一次拒绝为他赢得了上哈佛的机会。哈佛的韬光养晦和遇到创业伙伴对他和 Facebook 而言都是不可估量的财富。第二次拒绝为他赢得了成为一个伟大企业领袖的机会。如果他接受了比尔·盖茨抛出来的橄榄枝，他有可能成为微软旗下一个鬼才编程技术工程师，而不会成就 Facebook。第三次拒绝让扎克伯格为之努力的理想——让全世界连接起来成为可能。三次拒绝都面临巨额金钱的诱惑，他不是不爱钱，而是对钱有着相当实用主义的态度：钱只是手段，不是目的。

扎克伯格认为他自己对金钱持有相当实用主义的观点。他认为有些时候说的话被误解为对金钱毫不关心，这显然是错了。“我认为创建公司是改变世界的一种最佳方式，因为创建公司，可以通过协调优秀人才和合作伙伴的观点与利益，从而创造出优秀的产品服务大众。”如果只是学生社团类型的非营利组织，很难为人才提供良好的平台，很难继续走下去。“而如果是一个非盈利机构，那么也无法完成这些，因为你没有足够的资源，而总是在募集资金而不是自己创造资金，自给自足。我想这就是我的看法。”

扎克伯格的金钱观与高端电动汽车特斯拉的 CEO 马斯克的想法不谋而合，他们都是志在改变世界的人，理念是只有做大蛋糕自己才能分到更多。扎克伯格认为:“在公司发展的关键时期，我并不认为公司必须创造什么巨额的利润”。他们更愿意为用户、开发者和广告商创造更多的价值，将盈余的资金投入到再生产当中，创新产品，最大社交网络市场这块蛋糕，长期才能获得发展。如果只是在初期就把眼光放在金钱上，那就只能分到一小块蛋糕，并且不保证以后还能不能吃到蛋糕。扎克伯格善于下一盘大棋，运筹帷幄，他认为社交网络市场是一块富矿，别人都还远远未认识到这个富矿的潜力。特斯拉的 CEO 马斯克是个疯狂的天才，他一直在挑战新的领域、新的技术。他是电影《钢铁侠》中亿万富翁天才发明家托尼·斯塔克的原型。特斯拉只是他疯狂且愚蠢决定中的一个。他旗下拥有另外两家疯狂的、持续亏损的公司——从事太阳能光伏业务的太阳城公司 Solar City、从事太空运输的 Space X 等前沿领域。Space X 是全球唯一一家将飞行器送上空间站的私人新型火箭公司。不久前他开放了特斯拉几乎所有的专利技术权。因为他觉得只有开放了电动汽车的专利市场，才会降低电动汽车的生产门槛，才有更多的企业愿意投入生产，那么电动汽车的市场大了，政府和企业才会花钱建立更多的充电桩，持续效应是人们适应了电动汽车出行，电动汽车市场才真的变成一块大蛋糕。在前瞻性上，马斯克和扎克伯格具有一致性，这也许是伟大企业领袖的必备品质。

马斯克和扎克伯格不仅在投资领域各领风骚，他们对于高科技产品的前景也很有前瞻性，他们都有一股理想主义气质，一种影响世界和改变世界的劲头。他们对人工智能都有很大的兴趣。扎克伯格和特斯拉的 CEO 马斯克 2014 年初对一家名为 Vicarious 的人工智能公司投资了 4000 万美元的资金，与他们一起投资的还有演员、技术投资者阿什顿库彻。Vicarious 致力于将人类的大脑皮层以计算机代码的形式复制下来。大脑皮层是人脑中相当重要的一个组成部分，它控制着人的视觉、触觉、语言理解能力和数学计算能力。这个公司声称，以后他们研发的人工智能还能认知椅子和冰等物质。Facebook 还打算将人工智能技术应用到人脸识别中，从而通过照片来识别用户。Facebook

已经招聘了一位人工智能方面的专家去领导它新设立的一家试验室。扎克伯格还投资了一家教育分析公司 Panorama。这家公司旨在通过数据分析让学校尝试更多的方法变得更好，比如提高就学率、降低犯罪率等。“但没有方法能够用来理解学校当下的具体状况，因为没有足够的数据分析，没有收集到足够多的数据，也没有人去进行分析”。教育数据分析这一块在市场上还很薄弱。扎克伯格和妻子普莉希拉·陈参与领投了对 Panorama 的 400 万美元投资。Panorama 致力于对美国的 4000 所 K-12 学校展开调查，并进行具体分析。

第五章

因人性而生的万人迷 Facebook
——席卷全球的社交网站

2008年6月，Facebook取代了My Space而独占社交网站排行榜首位。哈佛大学从2004年开始对Facebook用户计数，截至2011年9月，超过8亿人注册了Facebook，用户地域涵盖了五大洲，甚至包括南极洲在内。Facebook用户组成的庞大人口将使Facebook一跃成为世界第三大国，其激增的人口数竟PK掉了整个美利坚。在Facebook上，用户只能使用实名登录，扎克伯格在很多场合都强调："你只有一个身份，双重身份是不诚实的表现。"只能用真实身份登录是Facebook与My Space等其他社交网站的根本不同。它与微博的相似处在于：通过实名认证，让言论和图片的发布者对其负责。在快节奏的时代，人们每天都会有新闻点，即使没有新闻点，也可以发一段状态、一段感悟。不过人们最关注的莫过于图片，实时发布的图片，了解你关心的人、周围的人在做什么。

第一节　关于隐私，你想谈点什么

暴露隐私并不完全是坏事，Facebook的初衷就是自爆嘛，晒自己，晒自己所拥有的一切。互联网的全球性、开放性、虚拟性、技术性、复杂性、数字化等一系列不同于现实环境的诸多特性是网络隐私权安全问题产生的最重要的根源，是网络环境下隐私侵权问题产生的最直接、最根本的因素，也直接导致网络环境下隐私权不同于传统隐私权。美国对于隐私权的保护主要是从业者自律。1999 年 7 月 13 日的报告认为:“我们相信有效的业界自律机制，是网络上保护消费者隐私权的最好的解决方案。”1998 年，美国商务部发布了《有效保护隐私权的自律规范》，进一步要求美国网站从业者必须制定保护网络上个人资料与隐私权的自律规约。扎克伯格对隐私有独到的见解——真正该关心的不是用户和公司的隐私问题，而在于用户和他人共享的私密信息。

扎克伯格说当脸书进入公众视野时，人们有权通过博客公开他们的想法或者写邮件私下传递想法，但没有一种二者兼备的中间选项——公开和私享兼顾，而脸书的目的就在于同时兼顾这两种需求。扎克伯格相信“一个透明度高的世界，其组织会更好，也会更公平”。

他在电话中这样说道:“人们有许多表达的需要，但在小群体内他们需要有表达的工具，从而进行不单是一对一，也是一对一个小群体的信息传递。”

Facebook 用户在无意间总能给别人制造麻烦：比如一名加拿大温哥华竞选议员，他的朋友在 Facebook 上贴了一张恶作剧的照片，两个人在海滩上拉着这名议员的内裤。后来，一家公开发行的报纸把这张照片刊登了出来，这名议员不得不退出竞选。普通人也会因为一张照片而陷入不必要的麻烦。比如某年轻人告诉女友自己要加班，但在他朋友的主页上却晒出了包括该年轻人参加的一个美女众多的派对，结果令该年轻人百口莫辩。

2006 年，动态新闻服务的推出，曾遭用户强烈抗议，人们不满自己的任何动向都被立刻告知了好友；2008 年，灯塔服务再次引起争议。这个服务使 Facebook 网站之外的动态也会显示给 Facebook 好友，马萨诸塞州一名男子网购了一枚戒指，这条信息显示在了他妻子的 Facebook 页面上，引起误解，而他不过想给妻子一个圣诞惊喜。

据奥地利《皇冠报》2014 年 8 月 5 日报道，奥地利数据保护活动家马克斯·施雷姆斯以脸谱侵害隐私权为由，向维也纳商业法庭提出集体诉讼，希望为每个脸谱用户争取到 500 欧元的象征性赔偿。截至目前，已有 1.2 万多人加入这项集体诉讼行动。

笔者窃以为对于隐私权的保护切勿过犹不及。社交网站确实存在小范围的侵权行为，也给当事人造成一些困扰，但社交网站也是抓住了小范围晒"隐私"能抓住人们兴奋点的功能。假如对隐私权的保护太过条条框框，那么每个用户在发图片或者文字、链接前都要先想想是不是侵犯了别人的隐私权，从而意兴阑珊，甚至失去了流连于社交网站的兴趣。

在这里，人们将丧失隐藏和分裂的可能性。也许以前国内用户在腾讯 QQ 等匿名社交软件上可以隐藏真实的个人信息，并且可以拥有几个 QQ 号，有的号上面只有同事和家人朋友，有的号加的全是陌生人。这样就能把工作和生活分得很开。在 Facebook 诞生的早期，注册 Facebook 必须是校内学生，而且只能使用学校邮箱才能完成注册。Facebook 的实名制就不允许多重身份的存在。即便很多人想把职场生活和私生活分开，也是不可能的，因为关于一个人的信息会在各种场合传播，"世界的透明度将不允许一个人拥有双重身份"。丧失隐藏功能的网络社交让社交更加真实也更加务实。Facebook 的真实性是社会广泛承认的，有的用人单位会通过它查询个人信息，如果你想了解一个人也可以通过 Facebook。个人的 Facebook ID 成为了公开的 ID，可用来直接登录其他应用的服务；就像国内的微信账号可以绑定其他服务；Airbnb 等应用甚至要求个人提供 Facebook 账号，以验证注册用户的真实性。这证明了 Facebook 已经成了继普遍实体有效证件之外的另一个被大众承认的身份证明。对企业来说，定期的新闻发布会、官方网站和越来越像垃圾邮件的 newsletter 都变得没那么重要了——只要真正关心你的人在 Facebook 上与你成功“连接”的话，他们就掌握了有关你的大量信息。它的实名制过滤掉了很多不良事件，比如杜绝了有的人利用虚假信息在网络上骗婚、骗钱，尤其在国内，QQ 等聊天软件的早期用户经常能收到各种欺诈信息，有的被盗号，结果造成巨大的经济损失。而且马甲、僵尸粉和水军的大量存在让网络容易变成受人操控的练兵场，伤害当事人，并且也伤害了不明真相的群众。所以，实名制则是提升网络信息可信度的最好办法，实名的用户会更重视发言之后的结果，发布的信息更加真实可信。Facebook 的实名制让人们表里如一，这一点是很多人喜欢 Facebook 的原因。2009 年 9 月美国常规的民意调查中，Facebook 打败苹果、谷歌和微软，成为最值得信赖的十大公司之一。实名制的网络社交不仅使得整个网络社交透明化，更使得现实世界也变得透明起来。有赞成就有反对，这种透明感被一些用户排斥，从此离开了 Facebook，他们难以忍受自己的一举一动貌似都被 Facebook 爆料和窥探，叫人无处可藏。在 2010 年 5 月，一个权威调查机构的报告中显示，那时 Facebook 的美国用户数出现了首次下滑，而用户离开的原因，就是逃离这种无处可逃的“透明感”。

Facebook 与苹果、亚马逊、Google 相比，它从未真正介入人们的线下实务生活。后三家都与实体经济有着千丝万缕的联系，人们可以通过亚马逊和 Google 买东西、阅读。Facebook 曾经尝试过让好友之间通过 PayPal 转账，但失败了；它曾经试图让人们将自己在 Netflix 上购买的视频节目分享在 Facebook 上，让其他人也可以直接购买，也失败了；它还参与竞购过众包地图应用 Waze，让人们可以直接在 Facebook 上管理交通出行，但最后让 Google 抢去了。Facebook 丰富了人们之间的链接方式和社交方式，但是却并未在实际上方便人们的生活，不能像支付宝、网银、微信那样便捷。

第二节 Facebook的强大号召力

Facebook 人数众多，链接紧密，可以形成强大的号召力，是集会结社的最佳场合。

国际上著名的“民间”政治工具。科技网站 The Verge 报道称，2014 年 11 月 5 日是美国中期选举日，Facebook 针对所有年满 18 周岁的美国公民推出一个红白蓝三色选举通知按钮。尽管这种动员投票举动看似与政治无关，实际上谁都知道 Facebook 是一款潜在强大的政治工具。Facebook 虽然只是社会化媒体，但是在诸多世界性的政治事件中扮演了重要的角色，通过这个平台让个人或者团体能够产生“振臂一呼，应者云集”的效应。比较有代表性的案例，就是发生在北非、中东的一系列社会动荡背后，都有着 Facebook、Titter 的影子。2009 年，伊朗大选期间官方关闭了本国的 Facebook，就是慑于其巨大的影响力，为了防止反对派候选人的支持者们通过网络工具为自己的候选人宣传造势。奥巴马当选时，Facebook 在宣传方面也立下过功劳。美国政治运动软件创业公司 Nation Builder 获得了一批 Facebook 元老的小规模投资，Nation Builder 试图通过政治途径来为硅谷赢得更多政治影响力。目前，高科技产业已经成为支持美国总统奥巴马连任的重要资金来源之一。虽然 Facebook 发言人表示:“我们的服务是中立的。尽管我们鼓励所有候选人、团体和选举人用 Facebook 平台参与选举，但作为一家公司，我们不会把产品当作影响选举的工具。”

2011 年 8 月英国各地发生的骚乱，这将黑莓即时信息推送服务 BBM 以及 Facebook 和 Twitter 等社交媒体推上风口浪尖上。最初几天，形势几近失控，而社交网站一度被视为骚乱的“帮凶”。后续调查和研究显示，Facebook 等社交网站并不是英国政府所说的那样，对骚乱起到推波助澜的作用，事实上它是起到了一些积极作用，比如号召大家一同清理骚乱所带来的垃圾，让大家知道发生的事情，互相安慰。英国媒体更进一步认为，英国官员和警方，其实可以很好地利用 Twitter 等社交媒体进行澄清和社会动员，以冲抵反社会信息的传播，并有效地打击谣言。

这次骚乱引起了 Facebook 和英国政府之间的一次较量。双方矛盾激烈的时候，一度有消息称，英国政府准备关停本国的 Facebook。在一次会议上，当被问及英国首相卡梅伦是否会关闭 Facebook 时，其副总裁希尔茨说:“我认为这绝对不可能会发生。”当然，如果有人试图通过 Facebook 制造麻烦或煽动群众，“他们就有可能会被逮捕”。英国外交大臣威廉姆·黑格也表示反对审查 Facebook 或 Twitter。在 Twitter 上交流时，黑格回复粉丝说:“我认为我们不应该审查 Facebook 和其他社交网站，我支持互联网上的言论自由，只要不违法就没关系。”

Facebook 有强大的政治与商业的链式反应。让几乎所有的政客都不能忽略它的力量，转而改变自己的看法，利用它进行宣传。正是意识到这些政客或者政治明星的影响力和号召力，Facebook 等社交媒体都会努力帮助政治明星等公众人物打造良好的形象，这也是保证其网站人气和影响力的一个重要因素。潜移默化中，一些政治家和明星人物在 Facebook 等的维护和推崇下，创立了有着巨大影响力的自媒体。这也是美国政府鼓励高官在 Facebook 等有效地进行“经营”的重要原因。尤其在他们处于舆论风口浪尖的时候，当事人自己的发言才能压住四起的谣言。有影响力和公信力的政治家和外交官的发言，会引起受众的重视。由于平日积累下良好的互动经验，树立了比较正面的形象，他们的话也更容易让人相信。

最后这场较量没有胜负之分，却给人们一定的思考空间，政府在遇到集体事件时要怎么对待：是积极利用社交媒体进行发声、疏导和控制，还是压制、敌对和抗拒？如何积极、有效地发挥社交网站的作用，是一个现实的挑战，这既包括日常各级政府及政要在社交网站上形象塑造和公信力的强化，以及对一些社会矛盾的全面了解和及时化解，也包括突发事件发生后如何让社交网站发挥正面作用。这一点，英国骚乱给世界各国的政府都提供了一个有强烈警示性的案例。治理网络媒体需要大禹治水的方法，只能疏导，不能堵截。社交媒体在遇到集体事件或者其他政治事件的时候需要有什么样的态度：是要深度参与，毫无顾忌呢？还是在适当时候给政府提供积极的信息参考，以避免民众受到伤害。

哥伦比亚的 FARC 事件显示了 Facebook 的强大力量。FARC（哥伦比亚革命武装力量）是一支被暴力恐怖袭击活动笼罩的哥伦比亚国内组织最大、装备最完善、战斗力最强、恐怖活动最猖獗的游击队。它依靠贩毒、绑架等许多极端违法暴力活动生存，无恶不作。

Facebook 又如何对 FARC 产生影响呢？

这里面要讲述哥伦比亚的一位工程师奥斯卡·莫拉莱斯。他从电视上看到了 FARC 绑架一对母子长达六年的消息后十分愤懑，但是又不知道自己能通过什么手段做些什么。奥斯卡·莫拉莱斯有一个 Facebook 账号，已经用了 1 年多了。他在网上的社交圈子里有他各阶段的朋友们还有他的同事，他们都是能够娴熟运用英语的精英阶层。他为了了解 FARC，于是在 Facebook 上搜索相关信息，比如有没有什么反对组织之类的。结果令人失望，没有，一个都没有。大家都在关注世界的另一面，这里没有暴力、没有哀伤、没有死亡，只有各种生活的乐趣。哥伦比亚人面对现实中猖獗行动的恐怖游击队显得畏畏缩缩、噤若寒蝉，都没有公开讨论的勇气，或者是怕被报复，或者是刻意忽略。奥斯卡·莫拉莱斯自己也在考虑这个现象，而且在思索自己能否建立一个反对社群。技术方面他拥有高超的手段，情感上与其他哥伦比亚人一样，对恐怖游击队充满愤怒。他迈出了艰难的一步，并且用哥伦比亚的国旗作为社群标志。他在图标上加上了四条标语：反对绑票、反对谎言、反对杀戮、反对 FARC。他说道："我想在人群中怒吼一声，是时候来和 FARC 抗争了。"他决定给群组起名为"反对 FARC 的 100 万个声音"。

2008 年 1 月 4 日，他经过辛勤的劳动建立了这个社群，并向所有的好友发出了邀约。这个社群向全部 Facebook 用户开放，经过短短一个晚上，已经有 1500 人加入进来。这是他料想不到的，又经过一天居然发展到了 4000 多人了。也许他的初衷只是关注这个组织，引起大家注意的正义行为。但是随着社群成员的增加，他开始冷静并严肃地看待他所建立的社群力量，他希望可以通过社群做点什么。

随着人员的增加，人们对于社群的期待越来越大，他们已经不再满足于讨论 FARC 如何坏，大家要如何声讨，而是希望实际行动起来。于是一场激动人心、声势浩大的游行活动蓄势待发。莫拉莱斯响应了大家要求举行游行的号召：将于 2 月 4 日，在社群成立 1 个月之际，举行一场席卷全国的反 FARC 游行活动。

Facebook 的优越之处是它可以把游行活动的倡议让全球用户知晓，所以最后，游行活动已不仅仅限于首都，它席卷了全国，乃至全世界。来自迈阿密、布宜诺斯艾利斯、马德里、洛杉矶、巴黎和其他地方的成员在全球各地响应了这次游行。最终一场由互联网世界推动的史无前例的全球性活动于 2008 年 2 月 4 日拉开帷幕。到了游行当天，社群成员数达到了 350000 人。据估计，在哥伦比亚近百座城市里有1000万人参与了反对FARC的游行，另外在全世界多个城市还有近200万人参与了游行。在获得哥伦比亚总统支持之后，FARC的能力被大大削弱。

2008年，由Facebook群组织的大型打水仗活动在英国利兹市举行。紧随其后在2008年9月，有超过1000个人在密歇根州的大急流城进行了20多分钟的枕头大战。这是年轻人减压的一种无公害恶作剧形式。

富有个性差异的朋友圈。在Facebook上用户可以“物以类聚，人以群分”。所谓圈子就是某个具有特定标签的社交群体，可以根据财富的多寡划分：亿万富翁、百万富翁、中产阶级、蓝领阶层、低收入阶层；可以根据兴趣爱好划分：养花爱好者、琴棋书画爱好者、文学爱好者；可以根据职业划分：医生圈子、厨师圈子、公务员圈子、IT行业圈子；也可以根据籍贯划分：中国同乡会圈子、韩国同乡会圈子等；还可以根据生活状态划分：宅女圈子、宅男圈子、食草男圈子等；甚至可以根据容貌、学历、年龄划分。社群把很多原本不认识的人组织起来，不但可以进一步扩大交往的范围，还时常能形成一股强大的力量。

第三节　Facebook上瘾症

你是否情绪经常受到Facebook的影响？每当打开电脑就要看看Facebook，充满等待、期盼与兴奋。如果有留言和信息就能津津有味地看半天，如果没有就感到失落、焦虑、沮丧。只要有信息的提示音一响就迫不及待地打开移动设备看一下。就连扎克伯格的妻子陈小姐也坦承她对社交产品的迷恋。如果有上述症状，可以通过由挪威卑尔根大学心理学系设计的调查表一一查对。

题　　目	极少	少	普通	偶而	经常
你花很多时间在 Facebook 上或思考如何使用 Facebook。					
你对上 Facebook 的欲望越来越多，越来越长。					
因为使用 Facebook 而忽略了个人隐私的权利。					
曾经尝试不使用 Facebook 但却失败了。					
如果禁止你使用 Facebook，会感到焦躁不安。					
使用 Facebook 是否影响到你的工作 / 学业。					

如果在测验中你勾选了 4~6 项“偶尔”或“经常”，那么你已经成为重度社交网络成瘾者了！

要知道 Facebook 持续有多火，大家可以回忆下 20 世纪末我国的网络聊天室。在人们第一次知道还有比面对面的沟通交流更刺激、更有趣、更方便的网络沟通方式的时候，年轻人私下沸腾了，大家通过各种方式获得上网机会，去聊天室里寻找适合自己的恋人和朋友。曾经有当今的网络红人说，自己年轻时某个时段每天的主要生活就是通过聊天室展开虚拟社交。现在大部分对 Facebook 的迷恋程度可比以前我国聊天室兴起的盛况。聊天室红极一时因为有几个得天独厚的优势：第一，便捷性，只要有台电脑，你就可以加入，没有会费、没有成本；第二，诱惑性，聊天室有各式各样的人，各花入各眼，可以在里面找到任何你想接触的人，你所需要做的只是聊天这么简单；第三，自主性，你想开始一段聊天就开始，随时可以结束，你拥有自主权；第四，焦点性，表现欲得到了充分的满足，一个小人物突然间说话可以传递给很多人；第五，个性化，让人从集体中脱颖而出，认识到自己的人格魅力或者说虚拟的人格魅力，有的人可能在生活中是个不善言辞的人，但在网络上突然展示了风采，获得了自信；第六，归属性，本来以为自己很怪异的人突然从网络上认识了大批与自己类似的人，找到了心理上的归属。“Facebook 没有把用户集结在一起，结成浪漫交友的圈子，而是表现出其他很多本性：一种寻求归属的渴望，一种虚荣的冲动和重重的偷窥心。”

每个沉溺于 Facebook 的人都有自己的说辞，“看一眼 Facebook 用不了一分钟”。但很快，他们便会花上好几个小时在上面看视频、发评论、搜新闻。如果您也是这样，也别太难过了：专家说，鉴于互联网的构建模式，这种行为是有科学依据的。人类的大脑构成使之总是不由自主地寻求不可预知的“回报”，在网上闲逛就属于这种情况。而由于互联网早已无处不在，而且没有边界，导致人们丧失了时间观念，很难用意志力克服这种诱惑。这是因为:第一，它帮助人们建立了简单的反射关系。每当人听到信息提示音或者看到智能手机的亮灯提示，人们就按捺不住阅读信息的渴望。现在有很多年轻人有手机依赖症，每隔五分钟，即使手机没有提示，也要去看看有没有信息更新。第二，没有边界。有些人开始可能只是为了研究一点东西，但随后不经意访问了维基百科，然后又转而开始了解 Depeche Mode 乐队的情况。

研究表明，意志力与肌肉相似：既可以绷紧，也会“筋疲力尽”。由于互联网始终“开启”，所以就需要随时绷紧意志的“肌肉”，从而令一个人丧失自我控制力。

Facebook 的成功有很多必然性：第一，简易性。它简单到傻瓜都可以操作的地步。现代生活中，人们的时间和精力受到了各方面的压榨，工作和生活中需要学习和适应的东西太多，导致人们没有太多精力去接受新东西，除非它特别简易而且特别有趣。只有简单的留言交流“墙”和一些按钮。只需要拥有一款可以拍照的智能手机就能拍照上传图片到 Facebook 自己的主页，然后获得别人的点赞。没有任何学习壁垒。第二，及时性。Facebook 有推送功能，可以向用户推送朋友圈的最新照片和动态。每个人的空间都有一个信息中心，会提示朋友最近更新的照片，用户迫切想知道的就是新信息。另外，用户的空间也能根据朋友的信息更新时间来排序。第三，隐私性。用户可以选择性地让别人看到信息，而且还可以发私信。第四，个性化。主页完全可以按照自己的喜好设置，充分地表达自我，吸引同类。

Facebook 主要功能有七项：第一项是“墙”。墙就是用户档案页上的简便留言板。这个留言板有权限设置，有权浏览某一个用户完整档案页的其他用户，都可以看到该用户的墙。用户墙上的留言还会用 Feed 输出。很多用户通过他们朋友的墙留信息。更私密地交流则通过“消息”进行。消息被发送到用户的个人信箱，就像电子邮件，只有信息发送双方可以看到。2007 年 7 月起，用户可以在墙上粘贴附件。以前，基于技术限制，只允许文本内容。第二项是“礼物”。2007 年 2 月，Facebook 新增了“礼物”功能。朋友们可以互送虚拟的“礼物”——一些由前苹果设计师 Susan Kare 设计的有趣的小图标。礼物从 Facebook 的虚拟礼品店选择，赠送时可以附上一条消息。收到的礼物以及消息会显示在收礼者的“墙”上，除非送礼者设定这个礼物是私密的。另外，在墙的上方还有一个“礼盒”。用户收到的所有礼物都在礼盒中。公开的礼物显示送礼者的名字，私密的礼物则显示“私人”。另有一个“匿名”的选项。虽然所有人都可以看到礼物，但只有收礼者才可以看到送礼者的名字和消息。这种礼物只在礼盒中，而不在墙上显示。Facebook 用户注册时免费获得一个礼物。以后的每个礼物一美元。最初推出时的礼物是有关“情人节”的。同年 2 月由此产生收入的 50%捐献给 Susan G.Komen 乳腺癌基金会。后来，Facebook 每天推出一款新礼物，大多数都是限量版，或只是限期供应，增强其稀缺性。用户个人主页会显示每日礼物的广告，运用饥饿营销的办法。第三是“市场”。2007 年 5 月，Facebook 推出 Facebook 市场。用户可以免费发布下列分类广告：卖二手货、租房、工作等，供求双方均可发布。所有 Facebook 的用户都可以使用这个功能，这是免费的。第五个是“捅”。Facebook 提供一个“捅”别的用户的功能，让用户可以给别人发送一个“捅”。Facebook 常见问题中这样解释:“捅——你和朋友互动的一种方式。当我们设计这个功能时，我们觉得提供这么一个什么意思也没有的功能其实挺酷。用户们给它不同的解释。我们鼓励你给它你自己的解释。”实际上这个功能的目的只是让用户能引起别的用户的注意。尽管很多用户确实用这个功能来引起别的用户的注意，或说声“嘿”，但有些用户仍认为它有强烈的性暗示。到 2007 年 9 月，这个小组共有 25 万用户。有时朋友之间会进行一种被称为“捅仗”的游戏——两个用户间用“捅回”功能，互相捅来、捅去。另有一些衍生出来的新功能。第六个是状态。让用户向他们的朋友和 Facebook 社区显示他们现在在哪里、在做什么。Facebook 让用户填入状态的提示是“(某某用户）正在……”，用户填入剩下的部分。在用户好友列表的“新近更新”区，显示这些状态。第七个是活动。Facebook 活动的功能帮助用户通知朋友们将发生的活动，帮助用户组织线下的社交活动。第八个是开放平台上的应用。2007 年 5 月 24 日，Facebook 推出 Facebook 开放平台。利用这个框架，第三方软件开发者可以开发与 Facebook 核心功能集成的应用程序。成千上万的应用在 Facebook 上出现。

第四节 Facebook 的特别之处

Facebook 与传统的博客服务提供商 BSP（Blog Service Provider）相比较有什么特别之处呢？为什么它在商业上取得了巨大的成功，这种成功背后就没有缺陷吗？

让我们通过本节信息构架模式来分析一下原因。博客服务提供商的作用是为申请者提供写 blog 的空间与相应的技术支持，大大简化 blog 的创建过程，推动大众化发展。在我国比较著名的有新浪博客、搜狐博客和网易博客。博客具体到用户的操作十分简单：注册过程分为两步：第一步注册博客域名，第二步录入用户名、密码、邮箱、验证码等五个必填选项后即可顺利注册成为博客，十分容易。博客是用户通过简单的操作，建立属于自己的博客空间，博主之间可以通过空间留言进行交流。这种信息构架是：个人空间+社区平台。博客原本就是独立的，有了博客服务提供商提供博客服务后，才出现了社区平台，让用户能更方便地找到其他人。不仅仅是自己写给别人看，更可以方便地找到志同道合的人，让众多博主形成一个社区。这样的结构很清晰，博客相当于个人的日志，通过留言板可以留言和交流。信息的源流很清楚，什么题材，先选择了类目才能发布，所以更类似于纸媒。但是博客与博客之间交流比较困难。博主只能通过好友和留言者进入其博客，所以扩展面比较小，单方的展示成分比较大，双方的交流成分比较少。

Facebook 的构架与博客的构架不同的是：用户的信息不再只呆在自家门里，它被打散了放到平台各个栏目中，是“一体式”的模式。用户在打开自己界面的同时，也打开了与自己相关的栏目，左侧显示的是相关栏目信息，右侧显示自己的个人主页。Facebook 让人上瘾的秘诀就在于这个设置。如果用户像传统博客用户只停留在个人页面上，来来回回只是浏览自己信息，那么他很快就会失去兴趣。这也是博客式微的缘由。Facebook 却可以让用户陷入到无穷无尽的相关信息中不能自拔，本来可能只想打开看看而已，但一发不可收拾，结果在上面耗费了大量的时间。用户与他人的信息联系很紧密，实现了信息的及时共享。这样的模式也有缺点。比如，相关信息导航太多，导致界面凌乱。犹如走进了迷宫，很难转出来，也许这也是设计之初的诡计。对比博客模式和 Facebook 模式，第一种博客的“个人空间+社区平台”模式，结构简单，但交流不畅；第二种“一体化”模式，个人信息与公共信息浑然一体，为用户交流方法提供了更多的引导，但也是因为这个一体化使得信息导航起来比较痛苦，结构看上去混乱。

不是人人热爱“透明”。 Facebook 在成立之初是没有过多考虑到隐私这件事的，因为最早是校园网络，有明确的边界限制，或者是一所学校，或者是几所学校。慢慢地随着它的全球化，这些边界消除了。同时也模糊了人与人之间的界限。人们在朋友圈晒出来的图片和事件可能会牵涉到无辜的人，而自己还浑然不觉。

Facebook 的透明化也让很多人感到不适应。有几种人不适合这种无处不在的“透明”：一类是对隐私权十分敏感的个体。他们不善于分享信息，也不爱晒生活，可是别人在自己的主页上晒的信息却连累到自己。这让他们心理上有负担。有人甚至形容社交网站让人有一种在阳光下裸奔的尴尬和不安全感。一类是一些拥有特权的官僚体制顶端的人。在美国，大公司的高管们，他们自己不愿意，也不希望员工使用 Facebook，因为担心信息传播得太快，他们的掌权失去了信息优势。还有一类是政府机构的高官。社交网站对他们而言是一把双刃剑，可以为他们呐喊助威，也可以将他们置于无时无刻的曝光状态。他们可能因为某一个被偷拍的场景画面或者一句话让政治生涯受损严重。

Facebook 致力于透明也给它带来了麻烦。Facebook 2007 年增加了“灯塔”功能，旨在让用户了解朋友们的网络浏览习惯。批评者指出，这让本来充分保护隐私的会员制网站变成了窥探会员上网习惯的日志。当时有 5 万人要求删除这个功能。扎克伯格出面公开道歉。“在这个功能的建立上，我们犯了很多错误，但在我们如何处理问题方面，我们犯的错误更多。这个功能在发布上做得不好，所以我在这里道歉。”扎克伯格说。

但是，扎克伯格并不会轻易因为别人的担心就改变初衷。他认为，一个公司如果刻意阻止信息之间的共享和传播，在员工或上下层之间设立障碍，那么这个公司势必会有瓶颈产生。只有透明和共享才是一个公司的发展趋势。如果一个公司没有公开透明的做法，就不会赢得员工的信任，当然就隐藏着许多矛盾，在一定的时候可能会爆发。

Fecebook 带来欢乐的同时也带来了痛苦，并且不可避免地带来了焦虑。纽约州一个普通的职场白领就坦言自己不得不离开 Fecebook 的原因。他本来生活在一个比较规范的轨道上，但有了 Fecebook 之后，他的生活突然好像被绑架了一般，他浪费了大量的时间通过 Fecebook 关注他的老板和同事、朋友的动态，充斥于大脑中的净是别人的事。老板又有什么生活动态，同事又有什么工作新闻，他的生活越来越浪费在一些不必要的关注上，让他越来越觉得处于焦虑和失控状态，最后只能离开这个“是非之地”。Fecebook 还可能给某些人带来类似于强迫症的坏处。一个处于青春期的姑娘失恋了，她被男友甩掉了，但是她还是忘不了他。于是一而再再而三地光顾前男友的主页，去看他的生活，看他的新女友，这个行为让她痛苦却又欲罢不能。最后姑娘为了保持自己的清醒，只好离开。英国爱丁堡龙比亚大学公布的研究报告称，Facebook 用户拥有的好友人数越多，就越有可能变得紧张焦虑。对许多用户来说，在与好友和家人保持联系的问题上，副作用要超出其所得利益。许多大学生都表示，他们对退出 Facebook 感到焦虑，原因是其担心会错过重要的社交信息或担心会伤害联系人。有报告称，“像赌博一样，Facebook 让用户处在神经过敏的‘地狱边缘’，不知道自己是否该下线，只是为了怕错过某些好东西”。用户的焦虑点不仅在于对信息的处理上，而且用户也对是否删除某些好友，是否在与朋友的互动中保持礼节，是否有效地展示了自己想展示的一面都很纠结。

第六章

扎克伯格和他的朋友们

——他们一直在努力

扎克伯格善于和一流的人才合作，他有慧眼发现牛人的价值，并将其网罗于旗下。在 Facebook 的成长过程中，他既有相识于微时的小伙伴们，也有后来具有人才战略意义的牛人们。这里就不得不提到他的左膀右臂：鬼才肖恩·帕克和硅谷最有权势的女人雪莉·桑德伯格，他们在 Facebook 扩展事业版图中起了举足轻重的作用。甚至有人说，没有他们就没有 Facebook 的黄金时代。

第一节　定制 Facebook 的鬼才

肖恩·帕克是最早嗅到了 Facebook 巨大潜力的人。他本人充满传奇色彩，存在巨大争议。小时候他体弱多病，因为患有哮喘常常光顾医院。他爱好读书，涉猎广泛，几乎在所有的领域——文学、政治、医学或技术上，都有独到的见解。他 7 岁时，父亲开始用一台 Atari 800 电脑教他编程。到高中时，他已经有能力侵入公司和大学的系统。15 岁时，他开发了一种网络爬虫，借此获得了弗吉尼亚州计算机科学奖，中情局也向他发出邀请。他不只热衷于技术，还热衷于商业。

帕克在16岁那年就一举成名，他故意入侵财富500强公司的网站寻找系统漏洞。目的是炫耀自己的才华。结果，因为他父亲拔掉了网线，让FBI追踪到了他的IP地址。帕克回忆称:“我记得人们一直在哭，联邦调查局的探员将我关在一间屋子中，我无意听到两位探员的谈话，其中一个探员说我看起来并不是一个坏孩子，另一个探员则说她根本不了解我。”未满18周岁让他躲过了一劫，被罚社区服务。在学业上，帕克不思进取，勉强混到高中毕业就出去自谋生路了，走上跌宕起伏的创业之路。他在高中毕业时赚到了8万美金，于是说服了劝他上大学的父母。

他虽然年纪不大，但却经历丰富。1979年出生于美国弗吉尼亚州的他拥有天才的创业嗅觉，参与了几家著名公司的初创，又黯然离场。帕克和扎克伯格有很多相似之处，他们都是电脑天才，又都出生于中产阶级知识分子家庭。帕克的父亲是政府的海洋研究科学家，母亲是个广告经纪人。1999年，20岁的帕克从美国东海岸跑到加州旧金山，和肖恩·范宁共同创办了音乐下载网站Napster。Napster成立的第一年就吸引了几千万用户，他一炮走红，成为了全球黑客的偶像。Napster是免费音乐网站，可以随意在线听歌和下载。因为版权问题，它受到了很多大唱片公司的反对，被告上了法庭。帕克还那么年轻，根本不懂得知识产权、诉讼，在创办Napster的过程中让他学到了好多知识，他将它称为学校。他的一些电子邮件还出现在了法学院的教科书上，当然是被当作反面典型。Napster破产之后，帕克陷入了无所事事的状态，他没有钱、没有工作，住在朋友家的沙发上，然后感到不好意思的时候才搬走。他的女友劝他做一些脚踏实地的事情，比如去星巴克上班，他没有，他还是想开办自己的互联网公司，想东山再起。帕克后来加入了Plaxo，他们从红杉资本那里得到了一些投资。Plaxo是早期的社交网络，主要业务是为用户提供实时更新通讯录的网络服务。它使用病毒式的营销方式，在很短的时间内，Plaxo 的营销信息就发到了数百万用户的邮箱中。他后来提起 Plaxo 还是很自豪，但是，他没有从 Plaxo 得到什么。据说，帕克虽然有天才的头脑，但在具体习惯和实务中却是一团糟糕：他工作散漫，无故能消失好多天，或者把答应别人的事很快忘掉。在他自己的叙述中，是其他的股东通过阴谋诡计把他撵出了公司，而且阴险地剥夺了他的期权，叫他净身出户。被逐出公司这件事对他打击很大，他说他因此对人性失去了信心。然而他没有诉讼，又迅速寻找下一家可以做起来的公司。帕克又一次陷入到失业的无所事事状态。在这期间，他在室友女友的电脑上发现了刚刚出现不久的 Facebook，这时候它还只是在大学范围内使用。他将这个新兴的网站从头到尾浏览了一遍之后，发现扎克伯格的想法跟他不谋而合，他们都发现了社交网络的潜力。于是他给扎克伯格写了一封邮件，帕克很快飞去了纽约，和扎克伯格进行会面。见面之后，两人一拍即合，扎克伯格邀请借住在女友家的帕克来 Facebook 租住的度假屋。帕克是扎克伯格的定心丸，他最肯定 Facebook 在未来的潜力和价值。帕克在 24 岁的时候成为 Facebook 第一任总裁。2004 年的夏季末尾，帕克和扎克伯格陷入了矛盾，扎克伯格还是很看重哈佛的学业，想要秋季开学继续上学。但是，帕克坚决反对。他们为这事儿还争吵起来，最后扎克伯格作出了妥协，哈佛大学可以休学后返校读书的优越条件让扎克伯格吃了定心丸。他休学和帕克开始了创业旅程。帕克因为早年在 Plaxo 吃亏的经验，对融资、股权等十分敏感。他帮助企业争取更多的投资的同时也替扎克伯格争取到了对公司的绝对控制权，绝对控制权在后来发挥了巨大的作用，如若不然，Facebook 恐怕都已经被卖掉了好多次了。帕克的个人生活还是影响到了他的前途，在 2005 年他不得不面对像前两次创业一样的命运——被扫地出门。在去北卡罗莱纳度假时，他被怀疑藏有毒品而在出租屋被捕。虽然没有被起诉，但是 Facebook 的其他投资者和员工给了他巨大的压力，于是他离开了 Facebook。但是他手里仍拥有大量的股权，并且实际参与公司的运作，他和扎克伯格私交甚好。离开 Facebook 后，他投资源自欧洲的音乐服务公司 Spotify，推动 Spotify 借助脸谱网平台扩张市场。

帕克是一只蕴藏着巨大能量的怪兽，他随时能迸发出令人不可思议的能量。在硅谷，帕克是个传奇：人们难以想象这么自由散漫的一个人为什么可以这么成功。他在人们眼中是个未知数，这是优势，也是劣势。一方面他有巨大的潜力能给世界带来惊喜；另一方面，他难以控制，让周围的人感到头疼。他一掷千金，只要高兴，可以给服务员 5000 美金的小费。Facebook 联合创始人德斯汀·莫斯库维兹指出:“他被看作一个未知量，而风险投资人希望能对一切了如指掌。”

他是个性情中人，也从不掩饰这一点。他生活奢靡，跟清教徒一般的扎克伯格完全相反。他的天马行空的话题感十足的生活方式让很多圈内人津津乐道，他有段时间跟电影明星一样受到狗仔队的偷拍。他善于享受生活，有时候会租用商务飞机出行，很多投资都是出于私交。他的婚礼豪华而盛大，耗资数百万美元。因为太过轰动，也给他们带来了不必要的麻烦：两人都收到了死亡威胁，为此，两人还取消了原定的蜜月计划。他对金钱的态度放任自由，在慈善晚宴上经常是捐款最多的人。他身上集中了很多矛盾，他有很多对他死心塌地的朋友，他们尊重他的才华，容忍他的怪癖，又赞赏他的仗义。

帕克绝对自信，甚至有点狂妄，他认为自己至少改变过世界三次，当然他也承认，自己永远是个局外人。他似乎一直停留在 16 岁做黑客入侵公司网站的年纪，想通过做一些事情赢得别人的关注和羡慕，他一直想得到别人的肯定。

扎克伯格对他算是不薄，目前，帕克手上拥有的股权价值数十亿美元，可以让他过上富足无忧的生活。他对扎克伯格而言是朋友，同甘苦共患难，有感情基础的朋友，而不像那对只为了金钱不停打官司的温科吾斯兄弟。

第二节　商界女王——雪莉·桑德伯格

雪莉·桑德伯格是Facebook的首席运营官，也是扎克伯格的学姐，她拥有哈佛大学经济学学士学位。她的头上有诸多光环：硅谷最有权势的女人，福布斯榜上前50名“最有力量”的商业女精英之一。她曾任克林顿政府财政部长办公厅主任、谷歌全球在线销售和运营部门副总裁。并且，她是一位女权主义者，为职场女性的权益奔走呼吁。她是职场女性的榜样，也是全方位发展的顶尖人才。

中产阶级家庭出来的管理天才。桑德伯格1969年出生于华盛顿，两岁时随家人迁往佛罗里达州北迈阿密滩。她的父亲乔尔是一名眼科医生，母亲阿黛尔为照顾她和一对弟妹放弃了博士学业和教师工作。她出身优越，但擅长家务。桑德伯格从小就是母亲的好帮手，帮助母亲照顾弟弟妹妹。她的出色的管理能力在学校时就已经显现出来，在组织社团活动时，她能够面面俱到，食品、会务、桌签、时间表等等都能做得一丝不苟。赢得了她的导师经济学家劳伦斯·萨默斯的欣赏。1995年，萨默斯成为时任美国总统比尔·克林顿政府的财政部副部长，邀请桑德伯格担任他的办公室主任。她在任职期间表现出色，尤其是在金融危机期间。

她是一名女权主义者。2000年，桑德伯格到了硅谷，她一直走精英路线，顺风顺水地在商界大展拳脚。她手下有数千名女员工，是谷歌地位最高的女高管。谷歌网络广告销售额在她的管理下连年创下增长新高，为谷歌提供了超过半数的收入。而她刚加入谷歌的时候，这一比例仅仅是15%。

桑德伯格在生孩子之后才真切感受到了职场女性的尴尬和无助。本来女高管就屈指可数，有孩子之后退出职场的人也不在少数。她开始关注女性地位，并且呼吁女性不要只是抱怨，而要解决问题，坐在谈判桌前和老板谈自己的薪水、待遇、晋升，和伴侣沟通让对方理解自己，分担家务。桑德伯格不仅赢得了他人对自己的尊重，而且让更多人理解和认识女高管群体。桑德伯格2011年春季在Facebook公司设立了“女性领导日”，邀请公司12名女性管理层成员与会，鼓励女性员工争取领导职位。她还每月在家举办自助晚餐会，邀请企业主管、教育学家、市长、剧作家等知名人士与女性员工交流。

她号召女性担负起自己的职业责任，不要一味依赖男性。她的女权主义思想是成熟的，不带有任何偏激倾向。她说，所有的女性都应该值得尊重：处于劳动岗位上的女性，做家庭主妇的女性，选择生育的女性，选择不生育的女性。

她也积极为职场女性争取权益。她发现很多国家不能实现同工同酬，同样职位，雇佣女性的薪水比男性少。她号召女性站起来维护自己的薪水权利。男性大多数在入职之初就跟人力资源部谈论自己的薪水，并且尽力为自己争取更高的薪水。但是，职场上对女性的歧视导致只有7%的职场女性为自己的薪水据理力争。桑德伯格也更加肯定女性在职场中的作用，并不认为女性发挥作用的更多是家庭。她分析，一个职场女性在家庭中承担了几倍于丈夫的家务劳动，同样也面临工作的繁重和压力，因而，她认为男女在家庭事务上需要多沟通，男性也需要承担更多的家务劳动。而且，女性更容易动摇职业信心，在家庭和事业发生冲突的时候更倾向于牺牲事业来成就家庭。

当中国的女强人张欣和桑德伯格对话的时候，她说，很多人惊讶于她和丈夫仍然能在商场上并肩作战，并且没有离婚。桑德伯格指出，美国女性比男性多做了近 40%的家务工作，中国女性比男性多做一倍。而在日韩，她们甚至多做 4 到 5 倍。因此，女人实际上有两份“工作”，而男人只有一份。所以她要告诉男人们，如果想让妻子高兴，别买花，去洗衣服吧！她不同意女性必须要做比男人多的家务的观点，她认为丈夫和妻子之间可以谈判，根据实际需要达成协议，而不是要任何一方无偿负担全部或大部分家务。桑德伯格和丈夫都是大忙人，他们的家务就是通过协商的方式解决的。

在全世界的职场中 90%的男性占据着管理者的席位。这个壁垒不仅是外部树立起来的，而且也是女性自身难以突破的屏障。女性把外界的歧视转化为包袱，甚至觉得自己在职业上太成功是不利于家庭和谐的，觉得女人有进取心是错误的，女人比男人权力更大也是错误的。最后在自我催眠和外界压力下选择了自觉放弃高层职位。女性应该打破这种恐惧，更加自信地实现自我。

加入 Facebook。认识桑德伯格的人都认为，她善于倾听和帮助别人，让别人感到受重视。她在管理方面极其有天赋。2007 年，扎克伯格面对蒸蒸日上的公司，感到力不从心，他急需一名合格的管理人才做左膀右臂。在偶然认识之后他数次游说桑德伯格加入 Facebook。桑德伯格最终被扎克伯格打动，离开了谷歌，加入了 Facebook 这家年轻的公司。最初，他们的合作不被大家看好，认为是奇怪的商业组合。一个是 23 岁的年轻人，一个是 38 岁的高级管理人才。有人还欷歔桑德伯格成了扎克伯格的保姆。很快，在三年的时间里，桑德伯格交上了一份满意的答卷，2008 年，脸谱网广告收入还不足 3 亿美元，而 2011 年这一数据已经超过了 30 亿美元。三年内收入增长了九倍，桑德伯格创下了一个销售奇迹。扎克伯格曾说，桑德伯格就是他寻找的未来二十年脸谱网的领导。

桑德伯格在某种程度上是扎克伯格的商业导师，也许没有她，Facebook 也能成为社交网站的翘楚，但是她的出现让 Facebook 的广告发展非常迅速，而且定位精准，充分挖掘商机。就是她让 Facebook 变得像现在这么值钱。她是实际上 Facebook 的掌管人。

2009 年，萨默斯重返白宫，担任奥巴马政府国家经济委员会主任。他又邀请桑德伯格来为他服务。但这一次桑德伯格拒绝了萨默斯的邀请，她认为和扎克伯格一起改变世界是件有趣的事情。

全面发展的女性。如果大众以为这么一位强势的领导者是一副水米不进的中性打扮做派，那么他们就完全错了。桑德伯格热爱社交，并且热爱生活。她能够把她的工作和生活都搞得秩序井然。她丈夫就称赞她用一个小时的时间就能换好她的名牌长裙和鞋子，站在门口接待来客，她喜欢开派对。她建议女性去过自己想过的生活，她热爱职场，热爱美好的事物。她毫不隐藏自己的真实想法，也不会把自己武装成一个固若金汤的女强人，她承认自己在家务担当中的困惑。她很认同扎克伯格的一个看法：不要试图去取悦每一个人，如果试图取悦每一个人，那么就很难取得长足的进步。而试图想取悦每一个人，或者说把所有人都照顾到的思想是女性所特有的。女性天生带有完美主义的倾向，不管是在工作中，还是在人际关系中，这既是女性在职场中的优势，也是劣势。劣势是为了照顾到每个人的想法，势必让自己的做法打折扣。桑德伯格富有主见，又不刚愎自用。她是比扎克伯格薪水更高的打工女王。身家达到十亿美元。她不但独善其身，又能兼济他人。一直以来，她都宣传女性在职场中的重要作用，宣传女性的优势。而她也正是利用了女性的所有优势，所以，她呼吁女性要爱惜自己的女性身份，不要怪罪自己的性别。她拥有女性一系列的优势：善于沟通、善于迂回、善于倾听、善于改善关系。“从前，马克接受议员审问时会直接臭脸相向甚至骂人，事情总是弄得一团糟，雪莉来了之后一切都改变了。”Facebook 的董事局成员 Andreessen Horowitz 说，雪莉·桑德伯格才花了不到 5 年时间就让 Facebook 从一个创业型公司迅速发展成为世界级互联网企业。桑德伯格让商界看到了 Facebook 稳健专业的一面。Facebook 的员工说起她无不称赞，“每个和我们合作过或没合作的公司，谈起她都会说‘我们也想要一个雪莉’，但雪莉和扎克伯格的组合恐怕全硅谷不可能复制出第二个。”职业经理人制度是 20 世纪 90 年代开始在各大企业广泛应用的，这种体制被人称为“成人监管”。意即，创业初始有很多创业者凭借过人的专业和胆识创建了极具发展潜力的大公司，这些公司拥有美好的未来，但是因为创业者不能身兼数职，缺乏专业的管理经验，导致管理上捉襟见肘。扎克伯格选择桑德伯格成为自己的“监管人”。她对他的影响也是显而易见的，他变得沉稳、专业和包容。

她用专业和勤勉赢得了别人的尊重。在 Facebook 的 5 年间，她是最勤勉的员工，每天 7 点起床，工作到深夜。她的习惯是每 10 分钟处理一项工作，超过 1 小时时长的会议会被雪莉即刻叫停，即便休假，雪莉也会每天腾出 1 小时回复各种邮件。即使工作繁忙，她也不忘每天 5：30 准时回家跟两个正在上中学的孩子吃饭。

第三节　彼得·泰尔

“Facebook 的成功不是侥幸，泰尔的成功也并不是出于侥幸。”同为 Facebook 董事会成员的网景公司（Netscape web browser）创始人、投资人马克·安德森这样说道，“泰尔总是拼命寻找机会去颠覆传统智慧。”

彼得·泰尔是 Facebook 的早期投资人之一。他与扎克伯格一样也有自己的追求和理念。希望能够拯救世界，或至少“把文明推向更高水平”。他并不是个唯利是图的商人。扎克伯格说过，他只跟一流的人合作，其中包括一流的投资人，比如泰尔。泰尔最著名的投资是以 50 万美元购买了 Facebook 7%的股权。他是最早对 Facebook 注资的人，对 Facebook 起到了不可估量的作用。他也是充满理想主义气质的梦想家，试图改变世界。

泰尔 1967 年出生在德国法兰克福的一个中产阶级家庭。后来他的家庭随父亲换工作搬迁至美国旧金山。泰尔青年时期在斯坦福大学学习哲学和政治，1992 年获得法学学位。毕业后他在顶尖的苏利文和克伦威尔律师事务所找到了一份工作，但 7 个月后他就辞了职。后又在瑞士信贷工作一段时间后，回到加州创立了泰尔资本。他的第一桶金来自于 PayPal。1998 年，泰尔和马克思·来福秦创办了电子支付应用 PayPal。对于泰尔来说，PayPal 是他的自由主义梦想：他认为 PayPal 将成为独立货币系统，以削弱政府对经济和汇率的控制。2002 年 PayPal 上市，市值 12 亿美元。8 个月后，eBay 以 15 亿美元的价格购买了 PayPal。泰尔转身成为一名天使投资人。2004 年，他经过别人的介绍认识了扎克伯格，迅速有了合作，并注资。扎克伯格赞誉泰尔是他的军师，在他迷茫的时候总能给予他中肯的意见。泰尔让扎克伯格从一堆烦人的实务中解脱出来、拨云见日，专注于做重要的事情——用户的增长和公司的扩张。

发现 Facebook。“泰尔总是拼命寻找机会去颠覆传统智慧。”当他发现起步时期的 Facebook 时，心中泛起涟漪：他看到了这个社交网站改变世界、颠覆传统的可能性。泰尔的投资不是所谓的抄底或者趁火打劫，他提出借款给 Facebook 的建议，是不想让这家年轻的公司毁在财务困难期。这让几个创始人都十分感动，十分坚定地选择了泰尔。泰尔在此时不仅扮演了天使投资人的角色，而且担任了 Facebook 的成长导师。这又一次彰显了扎克伯格卓越的识人水准，他总能在正确的阶段选择正确的人。泰尔注资 50 万美元解决了 Facebook 的燃眉之急，他们得以有钱获得更好的服务器支持。他们又扩展了几所学校，包括俄克拉荷马大学和密歇根理工大学等。

泰尔是个思想家。他身上有和扎克伯格类似的改变世界的情结。日常他喜欢读一些晦涩的哲学著作，这是他的与众不同之处。他厌恶所谓的精英阶层，认为“精英阶层总会有这样的问题，那就是以乐观的态度来曲解事实。如今这个问题更加严重了。如果你出生在 20 世纪 50 年代，你的收入排在全国前 10%的位置，可以预见接下来 20 年你的生活将是一帆风顺。到 60 年代晚期，你会去一家不错的研究所就读，70 年代晚期就可以在华尔街找到一份不错的工作，然后你还赶上了经济大繁荣。这是一个 61 岁老人艰苦奋斗的励志故事。可是，并不是每个美国人都有这样顺风顺水的人生。其他的同龄人的故事并不是这样。”他不是真正意义上唯利是图的商人，他有理想、有情怀。他认为，世界上几乎所有的问题，例如政府机构和教育系统存在的缺陷、挥之不去的金融风暴、市场泡沫、能源危机以及争夺资源的战争都源自于科技创新的停滞不前，而唯一的拯救方式只能是巨变式的科学突破。所以，他投资了许多别人看起来很另类的项目：延长生命、移民海洋平台、太空商业化、友好人工智能、修改 DNA 序列加速进化。

泰尔是创业者的灵魂导师，他在许多场合申明自己的创业理念。“你是在做其他人都做不到的事情吗？你会想到其他人都想不到的点子吗？”他告诉想创业的年轻人们：比尔·盖茨只有一个，扎克伯格也只有一个，每个人都应该走自己独一无二的道路。他劝告年轻人不要太依靠运气，所以，如果有创业者说他是因为在社交场合认识伯乐就草草创业的时候，泰尔会十分反感。

泰尔讨厌条条框框，他鼓励年轻人有自己的想法。他也抨击教育的模式限制了年轻人才华的自由发挥。他成立了一个著名的基金会，鼓励有创业前途的年轻人放弃大学，向他们提供 10 万美元的创业基金和两年的时间来开办自己的公司。

第四节　实用主义的交友观

有的人可能要根据扎克伯格的朋友构成的变化来声讨他是一个没有长性、唯利是图、不择手段的“混蛋”。如果你了解了他的经历就会认为，上述对他的诽谤全是基于误解。没有一个人可以对不了解其工作和生活经历的人指手画脚。确实，在不同时期，扎克伯格的朋友圈子是不同的，在哈佛有哈佛同学圈，比如爱德华多等，在创业期有商业圈，比如肖恩·帕克等，在发展期有桑德伯格等，在鼎盛期圈子扩展到了全球的同行，连马云和雷军也是他的朋友。如果以一个普通人的眼界来衡量他，未免失之偏颇。要关照到扎克伯格的事业版图和生活轨迹来考虑，就会发现他的朋友圈子是必须在不同时期发生必要的变化的。比如，创业期结识的重要朋友帕克是他真正意义上感情和事业上的好伙伴，但是帕克的随性行为在扎克伯格包容多次后还是没有改变其行为，为了大局考虑，扎克伯格只有将其清除出列。

曾经有人对交友做过一个形象的比喻：当你在山脚下的时候认识了一位志同道合的朋友，你们关系十分要好，互帮互助，共同进步。然后，随着时间的推移，因为你的努力更多或者机遇更好，你得到了更好的发展平台。这时候你在半山腰，对方也在半山腰，你比他稍微高一点点，你们还是有对话的基础：能力上的相近和感情上的靠近。如果你在日积月累的努力中达到了更高的层面，你攀登到了山顶附近，而你的朋友还在半山腰徘徊，这时候，尽管你还想通过你的单方努力来维系感情，但已经变得不太可能。你会发现，因为所处层面的悬殊，不仅是经济上的差距，最重要的是能力上的差距和眼界上的差距，你们的工作和生活已经没有交集。好比你已经在考虑如何更好地自我实现和回报社会，他还在为物质生活而头疼不已，你们的关注点已经变了，你们已经回不到以前的旧时光了。处在扎克伯格的位置上，如果还要维系一堆已经丧失了价值的朋友圈，那将是一件极其耗费心力的事情，任是谁也是难以完成的，杰出人士的杰出之处也在于其对关系的快刀斩乱麻的处理方式。

毋庸置疑，扎克伯格在人际关系上也秉承他一贯的作风：务实高效。他不容许有浪费时间、感情的无效行为出现。他一直坚持每天见一个陌生人，就是为了保持大脑的新鲜感，并持续更新信息。

国外媒体在2012年盘点了已经作为著名CEO的扎克伯格的强大朋友圈：

1. 关系最密切的朋友

肖恩·帕克（Sean Parker）——启发扎克伯格通过非常规的公司治理结构完全控制了Facebook，也是他创业初期的朋友和导师。

布莱特·泰勒（Bret Taylor）——Facebook CTO。

马克·安德森（Marc Andreessen）——风险投资公司安德森-霍洛维茨基金（Andreessen Horowitz）联合创始人。

普莉希拉·陈（Priscilla Chan）——自哈佛以来一直是扎克伯格的女友，现在是扎克伯格的妻子。

彼得·赛尔（Peter Thiel）——PayPal 联合创始人兼 Facebook 早期投资者。

雪莉·桑德伯格（Sheryl Sandberg）——自从被扎克伯格从谷歌（微博）挖来后，这位 Facebook COO 便说服他将扩大广告业务规模。她是整个硅谷大家公认的顶尖管理人才和广告营销人才。

唐纳德·格拉汉姆（Donald Graham）——华盛顿邮报公司董事长，他曾建议扎克伯格远离只知道赚钱的风险投资家。

克里斯·考克斯（Chris Cox）——Facebook 产品副总裁。

达斯汀·莫斯科维茨（Dustin Moskovitz）——Facebook 联合创始人，技术天才。他曾极力反对将公司出售给雅虎或其他企业。

比尔·盖茨（Bill Gates）——盖茨定期与扎克伯格见面，为他提供慈善和管理方面的建议，和扎克伯格是忘年交。

马特·科勒尔（Matt Cohler）——Facebook 早期员工，目前任职于风险投资公司 Benchmark Capital。

2. 一般朋友

山姆·莱辛（Sam Lessin）——扎克伯格的哈佛同学，现在任职于 Facebook。

兰迪·扎克伯格（Randi Zuckerberg）——扎克伯格的姐姐。

史蒂夫·乔布斯（Steve Jobs）——曾经建议扎克伯格把精力放在几款产品上，不要太分散。

史蒂夫·鲍尔默（Steve Ballmer）——微软（微博）CEO 兼扎克伯格导师。

吉姆·布雷耶（Jim Breyer）——风险投资公司 Accel Partners 合伙人。

亚当·德安杰洛（Adam D´Angelo）——Facebook 前工程师，社交问答网站 Quora 联合创始人。

雷德·霍夫曼(Reid Hoffman)——LinkedIn 联合创始人。

3. 盟友

乔·格林(Joe Green)——扎克伯格的哈佛室友、企业家。

西奥多·尤约特(Theodore Ullyot)——Facebook 总法律顾问。

沃伦·巴菲特（Warren Buffett)——最近与扎克伯格就如何最好地处理 IPO 展开了数小时的长谈。

大卫·埃博斯曼(David Ebersman)——引导扎克伯格经历了严格的 IPO 流程。

罗恩·康维（Ron Conway)——曾经安排扎克伯格与风险投资家展开早期会面的天使投资人。

马克·平卡斯(Mark Pincus)——扎克伯格称,他从这位 Zynga CEO 那里学习到了长期专注的重要性。

麦克·斯科普洛夫(Mike Schroepfer)——Facebook 工程副总裁。

尤里·米尔纳(Yuri Milner)——俄罗斯投资公司 DST CEO。

厄斯金·鲍尔斯(Erskine Bowles)——北卡罗来纳大学名誉校长、克林顿政府顾问。

克里斯·休斯(Chris Hughes)——Facebook 联合创始人、《新共和》杂志所有者。

考利·布克尔(Cory Booker)——新泽西州纽瓦克市市长,他曾说服扎克伯格向当地学校捐赠 1 亿美元。

戴夫·莫林(Dave Morin)——Facebook 前工程师、社交媒体服务 Path 联合创始人。

安德鲁·布斯沃斯(Andrew Bosworth)——Facebook 工程总监。

里德·哈斯汀斯(Reed Hastings)——Netflix CEO。

巴拉克·奥巴马(Barack Obama)——在 Facebook 的演讲中,奥巴马曾调侃说他是少数几个能让扎克伯格穿西装系领带的人。

安德鲁·马克鲁姆(Andrew McCollum)——Facebook 最初 Logo 的设计者。

如果是普通人，就可以有比较多的时间去维护自己的友谊，尤其是人生并没有太多起伏的人，并没有超越其出生的阶层，所以很多人的圈子就是发小、同学、同事，没有更多的跨界朋友。他们的圈子比较小，不需要花费太多的时间就能打理好。普通人的圈子分两种：一种是靠利益维系的，工作上的关系，比如上司、同事和客户；另一种是靠感情维系的，生活上的关系，比如家人、亲戚和好友。两拨人之间有时候也会有交集，但一般是泾渭分明，所以处理起来就很轻松。如果是一个事业有成的人，站在高处的人，已经超越了自己起步的阶层，站在了食物链的顶端，这时候，他的人际关系不再只属于他一个人，而是属于他的工作。他的一举一动都可能引发股价的升降，也会有董事会成员监督他的行为。他的时间也不属于他一个人，属于整个公司，他要对整个董事会和员工负责，还要对用户负责。他的私人时间和工作时间很难有明确的界限，朋友和工作伙伴也很难有明确的界限。他的蜜月度假还在为公司洽谈中国的潜在合作者，他的朋友圈子越来越多是工作关系，不乏有的人慢慢变成他真正情感上的朋友。他在人际关系上一直坚持下面几个原则：

第一，双赢原则。人际关系在本质上是交换关系。你有一个苹果，才能去交换别人的香蕉。如果你连一个苹果都没有，那就失去了交换的意义。扎克伯格背后是公司雄厚的财力和技术力量，他是占有资源的人，才可能去结交跟他一样优秀的行业内人才，或者跨界人才。著名心理学家韩三奇说，同事关系主要以利益为主，当两人发生冲突时，一定是妨碍了彼此的利益。利益沟通的关键点是：维持双赢。如果任何一方在冲突中失去重大利益，那么以后的冲突就会更加严重。只有在相互妥协中达到双赢，才能和谐相处。

第二，以大局为重原则。在工作中扎克伯格很少感情用事，他在朋友可能成为阻碍的时候能够快刀斩乱麻，迅速理清关系。这也是他为人所诟病的地方。北京竹马管理咨询公司总经理马思宇说，过多顾虑朋友感情就会影响你的决定，因为出于保护朋友而作出有倾向的决定，会引起其他员工的不满，会增加自己工作的困难，甚至会使自己的威信大打折扣。

第七章

欲带皇冠，必承其重

——背叛、质疑、谎言与官司

从Facebook 成立之初到公司走上正轨，变成炙手可热的潜力企业，有几个人名是绕不过去的：萨维林、莫斯科维茨、温科吾斯兄弟。在他们之间上演了一系列的爱恨情仇，有经济纠纷、有情感纠结，谁是谁非外人无法评头论足。但是通过这一系列矛盾的处理，扎克伯格走出了关键的一步，从不拘一格的黑客高手到社交网络大鳄公司掌门人。

第一节　兄弟情深还是背信弃义

萨维林在前面章节中有很详细的叙述，包括他们如何取长补短，如何惺惺相惜。萨维林在最初创业阶段作用十分明显，所以他得到了30%的股份。他与扎克伯格渐行渐远是在公司搬到硅谷之后，帕克的出现弥补了当初处于消极工作状态的萨维林，而且帕克迅速拿到了50万美元的投资。后来经过一系列的斗争，萨维林30%的股份被稀释到了10%。虽然因为巨额的利益纠纷，他们也曾对簿公堂，但最后官司处理得十分和谐，萨维林签署了保密协议，获得了5%的股份。在Facebook 上市前夕，他还在个人主页上发布了祝贺词，“向那些从Facebook 成立的头一天到现在，每一位参与这个项目的人表示祝贺。我特别想要祝贺马克·扎克伯格，他一直保持着快速持续的关注力，来构建一个更加开放、联系更加紧密的地方，无论这有多么困难。”并且他在采访中一直否认与扎克伯格交恶，并称其为梦想家。萨维林是 Facebook 早期团队的灵魂人物，有人甚至把萨维林的离开看成是扎克伯格薄情寡义的明证。

据说，扎克伯格在 Facebook 上市前夕还跟律师沟通，讨论将萨维林清除出去。他和律师的来往信件被曝光:“告诉他（萨维林）我们将新增多少股份可能没有问题，但是向他透露谁将获得这些新股可能不大好。因为他或许将立刻采取对抗性活动。但是，我想我们或许有办法让他能够理解我们的行动。你能不能想到一个方法，将萨维林的股份稀释到 10%，但又不会让他明显感到痛苦?”萨维林的股份最终被稀释到 10%，慢慢变成一个在 Facebook 没有什么话语权的人。这次“变故”被称为美国科技史上最臭名昭著的“政变”之一。

双向选择。格局决定人生高度，萨维林的格局在扎克伯格接触到硅谷之后已然变得窄小，他显然不能跟上试图建立一个足以改变世界的企业的扎克伯格和帕克的步伐和理念。萨维林实际离开 Facebook 既是自己的选择，也是 Facebook 的选择。萨维林不能放弃自己丰富多彩的生活，他的生活太眼花缭乱，完全没有办法把精力集中在一件事情上，比如创业。他这么聪明又年富力强，还受人欢迎，他的选择性太多了，所以导致他自己都不太清楚自己到底想要什么。这也是年轻人的通病，不是所有人都能像扎克伯格一样拥有强大的内心，不断成长，时刻知道自己想要什么，通过什么方法能够拿到。萨维林既无法放弃哈佛大学的学业，也无法对年轻人为之着迷的社交生活说 NO。于是在帕克出现之后，萨维林在 Facebook 的地位越来越低。在企业蒸蒸日上之后，他貌似不能胜任那么高的职位。他在融资、管理、创新等方面都不如帕克。Facebook 创办之初，扎克伯格和萨维林是最佳拍档，他们的知识背景和特长都互补。况且他们那时候多么理想主义，在宿舍里聚集一群头脑灵活的黑客来做一件很酷的事情，能够让他们受到关注。萨维林和扎克伯格在公司搬到硅谷之前的矛盾都不是本质的分歧，到了硅谷之后，分歧是理念上的。萨维林自己的能力已经不能匹配这个公司了。他没办法给这个胃口巨大的公司带来丰厚的投资，或者技术上给予坚强的支持。他的出局是历史的选择。

分道扬镳。众所周知，在Facebook迁往硅谷之后，萨维林选择留在纽约继续帮助企业筹集资金。Facebook从成立初到初入硅谷时期的钱都是萨维林提供的。他在前期的表现配得起首席财务官的职务。他们最大的分歧是战略上的：前往硅谷之后，扎克伯格和帕克的思路是融资扩大企业，萨维林的思路是继续依靠广告收入。他四处接洽广告商，希望企业能够迅速盈利。扎克伯格暗示萨维林不要留在纽约了，要他来到硅谷，因为硅谷有他们公司想要的一切资源。萨维林对Facebook也有很深的感情，毕竟是他们一手带大的孩子。他使出浑身解数试图说服扎克伯格继续与他亲密无间地协作，并运用他的广告、融资理念。扎克伯格这会已经不太能听进去萨维林的游说了，他在硅谷打开了眼界，见了诸多的投资人，又有帕克这个鬼才从旁协助，他已经不是那个只是宅在宿舍里编程的傻小子了。萨维林继而从苦口婆心的劝说变成了愤怒。他认为扎克伯格违背了当初的协议。扎克伯格似乎单方面把萨维林扔在了局外，他和帕克在硅谷忙的不亦乐乎，见投资人的情况也不和萨维林沟通。他们的矛盾达到白热化之后，萨维林撕破脸了，他给扎克伯格写了一封长信，重申了创业初期的商业关系：萨维林作为首席财务官负责公司的运作、融资、广告和管理方面的事，扎克伯格主要负责公司的技术支持。他在不能阻止扎克伯格在理念上渐行渐远之时，威胁使出杀手锏：动用自己的否决权。他拥有30%的公司股份，他完全有权利否定公司的任何财务事项。扎克伯格生气于萨维林的不懂事，公司正处于财务危机时刻，需要帕克来牵线更多的投资人来度过难关，而萨维林却在关键时刻掉链子。他并没有理会这封透出了愤怒的信件，他认为萨维林在不久后会自己想通，而那时公司也已经拿到了合适的融资。

萨维林感到绝望，他感觉扎克伯格已经不是他所认识的那个人了，变得陌生且激进。于是，他赶到银行，冻结了公司的账户。他对银行柜台说："我想冻结我的银行账户，还想取消与这个账户关联的所有已经开出的支票和信用额度。"准确地说，他对 Facebook 撤资了，他不再相信好兄弟扎克伯格了。他们公司不再能开出支票了。萨维林对扎克伯格基于产品的考量都是很尊重的，他相信他的才华，也不介意扎克伯格把 Facebook 主页设计成自己的个人秀，网页下端都要写上自己的名字。但是，作为一个商人，他绝不容许别人在他的公司里搞另一套作法。他最关心的是自己做的公司是不是值钱，能不能挣钱。

一场危机。萨维林冻结资金账户的后果比他自己想象的严重得多，他的撤资对 Facebook 来说是雪上加霜的一件事。2004 年秋季，随着大学生入学，Facebook 的用户从 10 多万增长到 20 多万。这给公司带来了技术难题，他们的服务器变得不稳定，有可能随时崩溃。这让忠心耿耿的莫斯科维茨十分担心，投入了大量的艰辛劳动才保住了服务器的正常运行。他们的用户虽然还是局限于各大高校，但是人数上已经开始激增，许多大学的学生向 Facebook 发出邀约，希望自己的学校也能享受它的服务。面对这种情况，他们不知道是该兴奋还是担忧。自从萨维林冻结了账户，租用服务器、雇佣人员等费用就落在了扎克伯格的身上，他只好从父母那里借钱维持，前后借了 6 万美元。他们可不想像社交网站 Friendster 那样因为技术问题和资金短缺最终退出历史舞台。

"阴谋背叛"。扎克伯格可不是吃素的书呆子，曾经有天使投资人赞誉他是亿里挑一的人物，不论在技术上，还是在权谋上，他都经过历次的斗争，最终让自己成为 Facebook 毫无争议的一把手。在得到投资之前，扎克伯格无暇理会萨维林的“背叛”，他坚持和帕克一起四处游说。当他们的一笔 Accel-Partner 公司 1270 万美元的投资到账后，扎克伯格开始了反攻倒算。这是他和帕克、莫斯科维茨的共同想法。在公司内部，应该论功行赏，帕克和莫斯科维茨在公司的发展期立下了汗马功劳，萨维林的撤资行为让大家感到寒心。他们明显感觉到拥有一票否决权的大股东萨维林跟他们不是一条心，怕日后生变，所以要在短期内稀释他的股份，降低他的影响力。他们合伙给萨维林下了一个套，让他赶过来签署一份文件。这份文件有很多内容，看起来很费劲，扎克伯格和律师在之前确实下了很大功夫。在稀释股份上面，他们使用了障眼法，让萨维林看起来好像同其他股东一样都是公平合理的。Facebook 通过增发股份，把萨维林 30%多的股份稀释到了 10%以下，大概 7%左右。萨维林彻底傻眼了，他从没想过在他心目中的黑客少年扎克伯格居然暗地里算计了他。继而，他十分愤怒，认为这是一场阴谋背叛。签署文件 15 天后，他正式起诉。在法庭上，双方各执一词。双方都知道这里面所隐藏的巨大利益纠葛。萨维林为了增加胜算，还找来了温科吾斯兄弟加入了这场战争。如果说萨维林还曾经为 Facebook 尽心效劳的话，温科吾斯兄弟似乎更多是空手套白狼的伎俩。萨维林和扎克伯格之间毕竟有前期的协议，他是 Facebook 的首席财务官。温科吾斯兄弟却是主张子虚乌有的创意。萨维林毕竟是商人思维，他在官司期间，还给自己造势，找来作者和出版商准备把他和扎克伯格的那点事全都抖露出来。他知道扎克伯格很重视公司和自己的名誉权。Facebook 很快与萨维林达成和解，在主页上公开承认萨维林的创始人身份，也分给他相应的股份。一场战争终于落下帷幕。

在电影《社交网络》中，萨维林和扎克伯格之间的矛盾被夸大了，成为影片的主要矛盾之一，这么演绎是不负责任的。萨维林和扎克伯格之间的矛盾处理一直在理性范围内，并且 Facebook 不是一天建成的，在建设的过程中无数次处于风口浪尖上，只有不断处理大小矛盾才能勇往直前，而与萨维林的矛盾只是众多矛盾中的一个，并且是阶段性的。

最后萨维林得到了自己的那份蛋糕，他最早投资的 1.5 万美元变成了 50 多亿美元，虽然是通过诉讼的途径。他现在是新加坡的名人，著名的钻石王老五。他手里攥着 Facebook 2%的股份，经常被狗仔队拍到和各种名模在一起，吃穿用度都是顶级富人的水准。

第二节　有时候结果并不能尽善尽美

美国式崇尚个人奋斗、共同协作的理念与东方式的“有福同享，有难同当”的关系经营理念十分不同。也许东方的这种侠义草莽、兄弟情深更多是农耕社会的产物。美国式的个人奋斗理念是现代社会契约精神的体现。有人的地方就有江湖，讲究个人利益和产生意见分歧并不是坏事，只是利益分配是基于公平的，意见分歧是有建设性的。

中国的创业者也在反思为什么几个最好的朋友可以有难同当，却不能有福同享？仅仅是因为人心不古吗？拨开这层洋葱皮就能看到里面呛人的内核——利益分配和理念分歧。如果刻意无视这两样最大的真相就永远也不能跳出怪圈去触摸问题的本身。怎样才能让创业者自始至终都和谐如一呢？一种情况是家族企业，不存在利益分配问题，肉烂了都在锅里。一种情况是企业没做好，没啥利益可分。一种情况是其中有一个或者几个人受到了儒家智慧的影响而格外隐忍，不惜牺牲自己的利益来维持现状。2004-2005 年，Facebook 从宿舍里面鼓捣出来的网站变成了身价上亿美元的企业。谁也不知道扎克伯格在这过程中克服了多少困难，解决了多少矛盾，又丧失了多少“股肱之臣”。企业的剧变期也是人员的剧变期。若干元老的离去成为扎克伯格受攻击的焦点之一：在东方人的观念中，这是背信弃义、不讲信用、贪婪无度。笔者在这里再次重申：一个有社会责任感的大企业并不是要做成道德标杆，而是尊重契约精神和发展规律，通过做好企业来实现企业的社会价值，而不是挥舞道德大棒对企业提意见。契约精神才是现代企业最好的出路。契约一词由拉丁语 contracts 发展而来，基本意思是指交易，又称券书，统称为合同，是当事人设立、变更、终止民事关系的协议。

只要是一个健康的有前途的企业，其创业者之间分分合合都是合理的。虽然与扎克伯格分道扬镳的几个人看起来都是金钱上的问题，但当初的分开更多的是理念上的分歧，比如最让扎克伯格心痛的莫斯科维茨的离开。

莫斯科维茨在前面章节已经详细讲过，他务实能干，是扎克伯格的左膀右臂。他是用户体验至上和产品至上的人才。他虽然不是电脑编程天才，但却善于自学，并且积极开发用户，收集所有的信息，意图通过电子邮件等方式拓展用户。他坚定而努力，在好几次股东们讨论要不要卖掉 Facebook 的时候他都坚定地站在扎克伯格一边。莫斯科维茨坚决离开 Facebook 是因为桑德伯格的到来。虽然他毫无成见地接纳了桑德伯格，但却在经营理念上不能和她达成一致，他反对桑德伯格的广告理念。他甚至将广告比作是收买灵魂的魔鬼。休斯的离开是在莫斯科维茨之前，扎克伯格支持这些人离开去追寻自己的梦想。休斯曾经表示，和扎克伯格在一起共事十分有挑战性，但是你无法确认你做的事是否得到他的认可，所以做朋友好过做同事。

桑德伯格的到来其实是 Facebook 发展的一条分界线：分界线之前的企业

是一匹充满冒险精神的具有潜质，却让人存疑和惧怕的黑马；分界线之后的企业走上了正轨，同其他老牌大企业一样赢得了投资者的青睐和人们的认可。

桑德伯格到来的直接推动力是“灯塔事件”让颇为自负的扎克伯格意识到自己的“不足”。“灯塔事件”是自 Facebook 创立以来所遇到的最大的信任危机。之前它所遇到的矛盾都还是企业内部矛盾，但这次的矛盾已经演变成一场信任危机，由此还丢失了一群用户。“灯塔”是 Facebook 开发的一种广告工具，可以检测用户的网站访问情况。这个工具几乎没有通过用户测试就匆匆推出了，它的目的也不是赚钱，从使用到停止也并没有从上面赚到什么钱。它能够实时监测用户的动向，用户在这款工具面前变得透明，它把许多人的生活搞得一团糟。某个用户在其他网站上买了什么东西都能被他的朋友圈的人们知道，没有人能悄悄进行一些私密的行动。用户的数据被随意发布，这让几乎所有的用户都大为光火。有的用户可能想买礼物给女朋友一个惊喜，却不料被太太知道而受到质疑和问询。抗议的人群迅速集结，他们也利用了 Facebook 的媒介优势，迅速组成小组共同抵制灯塔功能。这个事件让扎克伯格焦头烂额，但他并没有迅速作出回应。他不是个随波逐流的人，他对任何行为都会深思熟虑。在扛了三个星期之后，他选择出来公开道歉。“灯塔”不再是一个无可逃避的功能，它具有了可选择性，只要用户不同意，Facebook 就不能推送用户的动态信息。

“服务条款”风波。2008 年前后，Facebook 又惹上了一个麻烦。他们为了降低被诉风险，修改了“服务条款”。每个注册的新用户都必须同意这个条款才能获得服务。一开始，谁也没有注意到这个条款有什么不妥。终究是树大招风，没有躲过消费者联盟的法眼。他们抓住了里面最能博取眼球的一句话：“你将授权 Facebook 不可改变地、永久地、非独家地、可传递地、有偿地在世界范围内（同时有权分许可）使用、复制、发布、传播、储存、保留、公开发布或播放……”。本来差不多算是一个既定的事实，忽然受到了广泛的质疑。扎克伯格处理这次质疑表现得像个成熟的企业家，他迅速地发表了声明：这篇文章很快被其他许多博客和主流媒体转载，一时之间，扎克伯格陷入了突如其来的压力之中。世界各地涌现出大量质疑的文章，它们质问：他能够宣称自己拥有 Facebook 用户发在上面的信息吗？不，他不能这么做。而扎克伯格认为自己并未这样做过。与他此前对类似事件的反应不同的是，这次他很快就准备好了回应。Facebook 的用户拥有并且能够管理自己的信息。Facebook 的用户至上法则也助长了用户的维权意识。这个措辞严谨的声明并没有打消用户的质疑和不满。洛杉矶的一位叫朱利叶斯·哈珀的 25 岁用户组建了一个名为“新服务条款反对者”的群组，来自挪威奥斯陆的用户安妮·凯瑟琳·派特洛组建了另一个抗议群组，后来两个群组合并。三天后，扎克伯格再次代表公司进行妥协，他甚至邀请用户参与新条款的撰写。此次事件中，扎克伯格发表了那个著名的言论:“历史告诉我们，当决策者和受决策影响者之间形成能够公开、透明的对话时，才能最公正地管理国家的制度。我们认为这个原则同样适用于经营公司，历史也终将证明这一点，我们期待着与你们共同走向这一趋势。”这次突发事件的应急管理赢得了大部分人的满意，甚至还被当成法律案例进行褒奖。在这件事上，扎克伯格又一次显示了他的“链接世界”和“使世界更透明”的理想情怀。在许多大公司不得不隐藏一些信息以维护企业信誉的时候，他选择了将任何信息，哪怕是公司的负面信息都完全透明的策略，不失为互联网时代的创举。有的人遵循别人的规矩，有的人打破别人的规矩，有的人树立自己的规矩。扎克伯格是第三种，他在尝试建立新的秩序。

第三节 一些令人头痛的小补丁

扎克伯格从未公开谈论过那些令人不愉快的纠纷和官司，也许这些在普通人看来无比头痛的金钱事情在他看来并不重要。随着 Facebook 的壮大，不少骗子也看上了这块肥肉，加入了分一杯羹的队伍。

有一个骗子。有一个叫作保罗·赛格利亚的骗子声称扎克伯格曾经以 1000 美元出售了 50%的股份给他。此外，如果“The Face Book”无法按期于 2004 年 1 月 1 日完成，那么每推迟一天，他就将因此多获得 1%的股权。由于该项目最终推迟了 34 天，赛格利亚说他实际应该拥有 Facebook 84%的股权。这个骗局如此拙劣，但是还是走了法律程序。赛格利亚有诈骗前科，这不妨碍他聘请了全球最大的律师事务所之一的 DLA Piper 代理其诉讼。诉讼过程中，赛格利亚提供了双方的来往邮件和合同。他在起诉书中厚颜无耻地表示，他为 Facebook 的成功贡献了“自己的时间、创意、技术和其他‘人力资产’”。扎克伯格只是为赛格利亚试图创建的公司 StreetFax LLC 服务过。赛格利亚选择诉讼的节点很巧妙，他们清楚自己的证据经不起推敲，但在 Facebook 的 IPO 进程中，他和他的代理律师认为可以获得一些和解费用。Facebook 的律师奥林·施耐德（Orin Snyder）在一份电子邮件声明中称，“这是一起由一名恶棍提起的欺诈诉讼，我们将捍卫自己的权利。我们一开始就曾表示，这个骗子的说法是可笑的，其诉讼纯属无稽之谈”。Facebook 要求法院驳回一切诉讼请求。大概在扎克伯格的脑海里，能够用钱解决的问题都不算是大问题。像苍蝇蚊子一样的骗子根本不能扰乱他的思路。真正让他上心的是企业的发展战略和用户的反馈，这才是他事业的安身立命之处。

用户的流失。最新的报告显示，Facebook 的年轻用户正在流失。一项研究数据显示，年轻人之所以在社交网络上耗费大量的时间，是因为他们对自己的人际关系感到不安。Facebook 上越活跃、状态更新越频繁的人是希望借此赢得别人的关注。这项研究由纽约联合学院的研究者进行，被调查者接近 600 人，年龄在 18–83 岁之间。研究者通过询问了解他们的朋友圈和使用 Facebook 的方式，最终得出结论：Facebook 用户主要有两种类型：第一种是非常外向的人，他们希望通过晒生活让别人看到自己生活中的方方面面；另一种是在一定程度上受依附焦虑影响的人，他们担心不能获得爱，害怕被人拒绝。依附焦虑感强的人更倾向于在 Facebook 上“寻求反馈”，这意味着这些用户上传东西是希望人们给予反馈，以此打消自己心中关于“别人怎么想”的疑虑。这项研究也指出，Facebook 上越活跃的用户对反馈的依赖程度越高。“与那些安全感强的人相比，那些依附焦虑感强的人对反馈更加敏感”。研究者约书亚·哈特（Joshua Hart）曾经说：“他们觉得如果自己上传的内容收到评论、点赞或其他反馈，他们会感觉好得多；反之，如果他们的 Facebook 状态得到的关注很少，他们会觉得失落。”年轻人的流失也正是发现了这些心理症结，所以很多人抽身退下。青年人也可能是注意力持续十分短暂的人群，他们在一开始使用 Facebook 是出于新鲜感和时尚感，但是社交软件和网站的层出不穷迅速分散或者转移了他们的注意力，他们慢慢会厌倦 Facebook，觉得它不是那么有趣，那么酷了。

与雅虎的专利权之争。2012 年，雅虎指控 Facebook 侵犯他们的专利权，内容涉及广告、个性化网站、社交网络和信息等多个领域。并要求 Facebook 支付专利费，否则将会提起诉讼。此次指控终于在四个月后尘埃落定，双方达成战略协议。雅虎的指控也是醉翁之意不在酒，他们并不是想让 Facebook

赔钱了事，而是扩大合作范围和深度。桑德伯格团队在这个事件中充分发挥了积极的作用，她让 Facebook 和雅虎真正做到了合作共赢。雅虎当时的临时 CEO 罗斯·列文森说："我们对能与 Facebook 发展更加深厚的合作关系感到激动，并对桑德伯格及其团队为与我们团队联手制定出这项协议而付出的辛勤努力表示感谢。我们盼望着在自己已经取得的成功的基础上继续进行建设工作，为消费者和广告主都提供创新性的新产品和体验。将雅虎作为全球领先的数字媒体公司的优质内容和影响力与 Facebook 进行整合，将可为品牌广告主提供无可比拟的机会。"雅虎允许 Facebook 用户使用它们庞大的媒体资源。

"F-commerce"模式的失败。这是 2013 年前后出现的新模式。所谓 F-commerce，就是企业品牌利用 Facebook 用户基础通过 Facebook 的社交图谱和社交组件进行，让用户可以与其在 Facebook 上的好友进行互动、分享和交流的社会化电子商务。简单来说，就是通过 Facebook 销售商品。2013 年，大家以为 Facebook 可能超越亚马逊等电子商务媒介成为了销售巨头，但一年后，北美最大的游戏零售商 Gamestop、Gap 等一大批知名品牌陆续关闭了 Facebook 零售店。F-commerce 的失败原因有三个：第一是界面设计问题。用户大呼不好用，他们很难方便地搜索到他们喜欢的商品，也不容易从一堆页面里找到他们对商品感兴趣的参数或者性能。便捷性大打折扣之后就丧失了许多用户；第二是 Facebook 无法对好友进行分组管理。用户不愿意让别人知道的购物信息就可能泄露出去，所以给购物者带来了麻烦；第三是用户的购物习惯会被 Facebook 共享给零售商，零售商会在用户阅读的信息中夹带私货，这让用户感到恼火。因为太过轻率，Facebook 差点失去了电子商务这块大蛋糕，也让它在日后的很多抉择中变得小心翼翼。也许他们会在以后调整方向能够在电子商务领域有所进取。毕竟 Facebook 雄厚的财力和技术实力能够促成它扭转局面。

数字遗产。如果 Facebook 用户去世了怎么办呢？他的账户是被销掉，还是作为遗产被继承人继续使用呢？这已经牵涉到了伦理学范畴，也是社交网站发展过程中出现的问题。最近，Facebook 开始推出“遗产联系人”功能，试图解决用户去世后的账号管理问题。以前 Facebook 对于去世用户的做法显得缺少人情味，他们直接冻结账号，这种做法让用户的亲友感到不满。如果其账号可以作为“数字遗产”进行继承。在世的用户可以随时修改自己的数字遗产继承人。2013 年，谷歌首先开始支持用户选择数字遗产继承人，这些数字财产包括 Email 电子邮件、云存储服务和其他服务的数据。谷歌将这样的继承人称作“非活跃的帐号管理者”。遗产的继承者还是不能对账号进行登录，也无法更改去世者在生前发布的各种信息。用户如果希望设置自己的遗产联系人，那么可以登录“设置”页面，选择“安全”设置，随后即可在页面底部看到“遗产联系人”选项。Facebook 网站和应用中的设置将是相同的。在这一选项中，你可以指定当前的 Facebook 好友为遗产联系人，选择是否允许他们打包下载你的内容，或是选择是否在去世后彻底删除帐号。

第八章

Facebook 的盈利模式
——赚钱是基本生存条件

Facebook 凭借超高的人气获得了许多投资人的青睐，所以它在一开始不盈利的情况下依然能够依靠投资和广告发展壮大。一流的企业一定有良性的运作模式，也就是说它一定要有健康的赚钱模式，这样公司才能保证在高水平上运行，才能不断应对市场。2007 年，微软公司按 150 亿美元的公司估值投资 2.4 亿美元获得了 Facebook 1.6%的股权。李嘉诚向 Facebook 注资 6000 万美元以获得 0.4%的股权，几个月以后，他又追加了 6000 万美元的投资。其他投资公司投资了 1500 万美元，这一年公司的融资就达到了 3.75 亿美元。众多财团的投资显示出了 Facebook 非凡的发展潜力。一个企业的显性目标就是赚钱，投资人的巨额注资也是为了以后丰厚的回报，Facebook 必须对这些欣赏它的投资人交上一份满意的答卷。互联网的经典赚钱模式是电子商务、游戏和广告。Facebook 在这几个方面都积极尝试，在一些方面取得了积极的进展。

第一节　精准的营销策略

2014 年底 Facebook 的市值已经达到 2278 亿美元。2015 年初，Facebook 的

广告商已经超过 200 万个，这是它最大的收入来源。它成为了新一代的广告吸金王。Facebook 的广告潜力吸引了各方的注意。

初期的广告探索。Facebook 早期的广告合作道路走得比较艰辛。萨维林是早期的广告经理，为了找到合适的广告各处奔波，因为没有找到合适的模式，所以一直没能从这里赚到多少钱。他们最初还给学生提供广告服务，学生可以花很少的钱租用 Facebook 的地方投放广告，这个收入很显然是杯水车薪。早期广告的亮点是帮助环球唱片公司推广单曲《哈拉美眉》。唱片公司认为这首歌曲的目标接收人群是大学的拉拉队队长，而 Facebook 又是重要的大学社交媒体，能够筛选出唱片公司的目标客户，所以选择他们做合作对象。这次的广告获得了意想不到的成功，歌曲得到了最大范围的推广。即使扎克伯格对广告一直抱有审慎甚至敌意的态度，他也头疼于公司的资金流：服务器的钱、人工的钱从哪里来？但 Facebook 还是开始与一家专门从事校园媒体在线广告代理的公司 Y2M 合作。这个公司后来给 Facebook 拉来了一个大客户——苹果公司。本来在 Facebook 上已经有了苹果的讨论组，苹果公司拿出 5 万美元来赞助这个组群，然后承诺每增加一个“果粉”就给 Facebook 1 美元。与苹果公司的合作得到了扎克伯格的认同，他承认他不讨厌广告，只是讨厌差劲的广告。2006 年 6 月，Facebook 寻求到了更好的合作，广告界骄子——国际公众企业集团与 Facebook 结盟，他们以广告客户的名义付费 1000 万美元，换得 Facebook 的一些股票。

Facebook 运用成熟的大数据分析原理，给予了广告商丰厚的回报，因为广告商也愿意用更多的投入来支持打广告。它可以对用户进行精确的分类，所以广告的目标人群也变得更加准确，这能确保广告是被投放到那些最有可能成为潜在客户的目标群体里。譬如化妆品的广告根据自己的定位可以锁定目标收入阶层：平价美宝莲化妆品锁定低收入的少女群体，奢侈品牌比如海蓝之谜锁定的当然是高收入高社会地位的女性。2012 年的统计显示，搜索类广告的 CPC（广告主为广告每次被点击所支付的单价）均值为 0.85 美元，而 Facebook 则只需要 0.23 美元。Facebook 的广告投放点击率非常高，也就是说在 Facebook 上做广告将更有效，它的广告物美价廉。在 Facebook 之前，Google 作为互联网的广告之王，获得了数目众多的广告商，但是它因为自身的局限性，不能够有效地引导客户产生消费冲动，因为大众对单方灌输式的广告形式已经不厌其烦。Facebook 在广告投放上也做了很多尝试，这其中有成功，也有失败，比如此前讲到的“灯塔事件”就是因广告投放带来的负面效果。在桑德伯格进入 Facebook 之后，扎克伯格的高度信任让她能放手大干一笔，此时 Facebook 才慢慢在桑德伯格的带领下走出了独具 Facebook 特色的广告模式。

定制广告的产生。Facebook 的特色在于它能够实现品牌商家与用户之间的互动，有点类似“圈粉”的效果，双方互相选择。这些广告不再以令人厌恶的狂轰滥炸的洗脑形式出现，它们以引人注目的形式出现。比如商家可以在 Facebook 上发布视频，组织活动，邀请用户参与进来。双方实现互动，商家的面孔也不再冷冰冰的缺乏人情味儿。况且 Facebook 拥有用户的多项资料：性别、年龄、学历、工作乃至兴趣爱好，足以支持任何对广告目标人群的分类。桑德伯格说:“我们的信息比任何人的都要好。我们知道性别、年龄、籍贯，而且这些都是真实的，而其他公司只能推测。其他网站的广告商的预测性定位往往是错误的。”广告被浏览的次数直接与 Facebook 的收入挂钩，每一千次的广告浏览量可以让公司获得至少 5 美元的收入，这个收入还在涨。单向输出的条幅广告不再是 Facebook 的主要广告收入类型，扎克伯格也很讨厌这种广告类型，不愿意它们出现在自己网站的主页上。现在每个品牌都热衷于在 Facebook 上建立自己的小组或者页面，在上面分享品牌信息。Facebook

的广告销售比其他网络公司销售的优越之处在于他们的销售经理能够告诉品牌一些信息：品牌大概有多少潜在的客户，广告投放后大概有不少于多少的点击率，量化了广告的投放效果，给商家吃了一粒定心丸。这正是商家所关注的重要信息。互联网时代，营销的理念已经不再是薄利多销或者是洗脑的条幅广告，而是与目标群体双向选择、互动。商家也可以问询消费者的意见和建议，以便让产品更完善。许多具有超前头脑的商家更愿意在 Facebook 上进行产品的前期市场调研，集思广益。食品商家可以通过网站发放新口味的主打食品，然后征集意见和建议，完善食品的口味，让食品变得更受欢迎。甚至重工业行业，比如汽车制造行业，也能够拿出新车型的讨论稿让用户广泛参与评价，这样才能获得第一手的精准资料。大部分著名厂商都在 Facebook 上安家落户，建立自己的页面，如百事、宝洁、联合利华等。其中有些商家的社区非常壮观，阿迪达斯、可口可乐、费列罗金莎巧克力、品客、星巴克、维多利亚等商家的粉丝已经超过 200 万，集结了他们绝大部分的忠实消费者。

很明显，在早期，扎克伯格欢迎内容和形式有特色的广告，而非“标题党”广告。切丝信用卡在 Facebook 上进行了一个有益的尝试。切丝信用卡与纽约一家小广告代理公司合作，开创了“切丝+1”信用卡，这种信用卡的目标群体是大学生，而且设计方案也只针对 Facebook 的用户。切丝公司在 Facebook 上搞了一些活动，一个星期之后，有 34000 名用户加入了切丝信用卡的群，切丝公司也得以发出数千张卡。其后，保洁公司也进行了尝试，他们在 Facebook 上建立了自己的组群，立刻产生了 2 万多的加入者。

2008 年，Facebook 的广告收入才 3 亿美元，而雅虎的广告收入近 16 亿美元，谷歌的更高，突破了 21 亿美元。订制式广告吸引了很多公司的关注，很快就取代了赞助商模式的广告，成为 Facebook 的广告营销人员主推的产品。扎克伯格认为赞助商广告“不是人们在网站上创造出来的有机信息”。他说:“一个广告商也许能拍出最具创意的广告，但最好最有效的广告莫过于知道你朋友爱喝可口可乐，这样整个网站对于广告商的价值就提高了。”果然，订制式广告大受欢迎，仅在推出后的第一年，Facebook 的收入就有好几亿美元。2010 年，Facebook 的广告收入达到近 19 亿美元，比两年前翻了六倍。两年间其他两家巨头公司的广告收入的增长率却慢很多。Facebook 的营销能力非凡，它可以让广告通过用户人际关系网络的作用而达成几何级扩散的效果。假如一位用户对这个广告感兴趣，他就有可能传播给他的朋友圈，多则数千人，少则数百人，然后感兴趣的人再传播。熟人效应比标题广告效果要好很多。

如果你的广告够精致和吸引人，就能得到足够的关注。2010 年夏天的南非世界杯，西班牙把世界杯带回了家，耐克则打赢了品牌宣传战，把金钱带回了家。在世界杯期间，耐克通过 Facebook 上被广泛传播的名为《书写历史》的视频广告宣传自己，结果这段视频引发了狂热的议论，短短一个星期之内，耐克在 Facebook 上的粉丝就从 160 万增加到了 310 万。

八种广告形式。Facebook 的广告形式非常齐全，有八种之多。第一种是品牌页面。可以通过营销人员创建一个页面，针对某个产品或者公司或者品牌。在上面有各种展示信息，用户如果喜欢可以点赞，点赞的信息可以通过朋友圈推送给更多人，类似于熟人推介，用户的朋友们如果感兴趣就能通过链接关注品牌。第二种是“like”按钮。品牌广告下面有“like”按钮，哪个用户关注了哪些品牌都能被他的朋友们看到。第三种是调查广告，用于品牌、产品做前期市场调查。这是品牌、产品最便捷的资料获取手段，他们需要的只是一点点试用产品的投放和付给 Facebook 的广告费用。比如，星巴克就能在页面上做民意测试，配合测试的用户可以获得一些报酬或者代金券。第四种是活动广告。品牌可以针对其粉丝发出活动邀请。第五种是免费样品广告。如果用户在指定页面上填写他们的地址，就能获得商家寄送来的试用品。每一个用户填写信息，Facebook 就能从中赚钱。第六种是视频广告。如果用户觉得视频制作很好，那么就会点赞或者分享给其他人。每当用户点赞，Facebook 就能赚钱。第七种是赞助新闻，这类新闻拥有较好的位置，以期望给用户留下印象。第八种是登出页面广告，为的是吸引人眼球。

桑德伯格也在推出虚拟化的商品和虚拟货币业务，比如说，虚拟蛋糕或者玫瑰花等，这些商品还可以是限量版。价格低廉，几乎毫无成本，但因为个性化和创意赢得了年轻人的追捧。Facebook 的虚拟货币服务于 2010 年 4 月开始推行。来源于 Facebook 自身的数据也显示：2011 年，将近 160 亿 Facebook 虚拟货币用于发行和消费。这个数字还在逐渐增长。2012 年，达到了 400 亿左右。

Facebook 每年在虚拟商品销售上能够赚到十多亿美元。对于 Facebook 而言，虚拟商品是仅次于广告的第二大收入来源。虚拟商品可以为社交游戏开发商带来收入，但由于需要使用 Facebook Credits 虚拟货币完成交易，因此这些开发商随后还要向 Facebook 提供 30%的分成。

2014 年下半年，一些评论家曾认为 Facebook 的游戏虚拟货币 Credits 能够代替广告成为该公司最大的摇钱树，可与 PayPal 相媲美。可惜 Credits 因为繁琐的计价方式和缺乏灵活性而辜负了众望。现在 Facebook 的虚拟货币主要还是用于社交游戏支付。作为一种全球化的趋势，用户使用 Facebook 的虚拟货币不需要担心汇率或者浮动的货币价值。Facebook 对 47 种货币提供无缝的货币转换，且货币种类数字还在增加。虚拟货币还是有很大的市场前景，它是新兴产物，虽然在支付便捷程度和受众范围方面还不尽如人意，但是它仍有自身的优势。

零售业也会加入其中，以后越来越多的大品牌和实体商家都会试图通过虚拟货币刺激消费，也能通过这种新的方式不断开发虚拟货币的潜质。

第二节　做大做好平台

曾经有人预言，Facebook 在以后的发展中将越来越向着大平台的方向发展，类似苹果的模式：开放平台，从开发商和广告身上赚钱。早在十多年前，就有人说，平台思维指明互联网的发展前途，平台建设让企业从单打独斗的情形中解脱出来，走入了开放式集思广益的时代。

苹果系统被人们誉为世界上最不开放的平台，无论硬件、软件还是内容产品都由苹果自己提供。后来，苹果逐渐“拥抱”第三方开发商，开发者也以积极的热情响应苹果。苹果采取了封闭的硬件体系研发，但在应用服务方面，已将平台向第三方开放。到 2011 年，苹果 AppStore 商店提供的应用程序达到了 42.5 万个，其中开发者为 iPad 推出了 10 万个应用程序，应用程序下载量已经达到 150 亿次。苹果一位全球产品营销高级副总裁感慨：“只用了三年时间，AppStore 革命性地发展成了世界上最成功的软件应用商店。”

苹果和 Facebook 的开发商在盈利模式上也有区别：苹果手机和平板电脑开发商是通过收费下载的，并从苹果手中获得 70%的销售所得。Facebook 开发人员主要通过放置网络广告、虚拟礼物等获得收入，植入应用一般并不收费。2005 年，Facebook 还是 6 人小团队的时候，扎克伯格就向投资人说明了自己搭建平台的看法，但是因为人手不够，投资人并未认同他的看法。2006 年，扎克伯格还在脑子里构思他的平台：“我们希望把 Facebook 设计成某种操作系统，你可以在上面运行各种各样的程序。”公司成员的争论焦点是这种很容易把商业机密泄露给竞争对手的做法是否妥当？以后靠什么盈利？扎克伯格有自己的想法：先通过免费给开发商提供平台的方法占领市场，打败竞争对手，然后再图其他。

2007 年，Facebook 之所以迎来大发展，就是因为它的平台策略。如果没有平台思维，Facebook 很快就会同其他社交网站一样，只有简单的功能：建立用户档案、上传照片视频信息、朋友圈互动、留言。很快，用户就会厌倦它，而转投其他社交网站。但是平台思维引进后，Facebook 的世界变得更加丰富多彩。Facebook 不再只是公司这群工程师的点子，而是所有开发者的点子。如果你会一点点编程，用自己的点子做成一个 APP，那么就可以投放到 Facebook 上让大家应用。越来越多的开发者被吸引过来，几乎所有的软件公司都跃跃欲试要为 Facebook 开发软件，一时间成为潮流。沃顿商学院信息技术高级主任肯德尔·怀特豪斯所说：“Facebook 从一开始就聚集了大量的用户，然后创建了在线互动平台，使社交网络的效应得以发挥。Facebook 能获得什么好处？丰富的互动内容会让网站的人气居高不下，并且整个世界的开发者会竞相开发出更新更好的应用软件。”Facebook 迎来了应用程序大爆发的时代。

举个简单的例子：这个平台有点类似国内的淘宝网，所有第三方的商家都能在上面开店，且开店的商家是不要钱的。如果商家想把品牌做起来，获得更多的利益，他们想通过淘宝让店铺的搜索靠前，成为诚信商家，就要向淘宝缴纳一定的费用。Facebook 的平台跟这个有点类似。相当于一个商场，商场本身就是为商户提供的展示柜台，里面的第三方商户让其中包罗万象。

平台想法是扎克伯格自 2005 年以来就在考虑的，是他将信息世界透明化努力的一个手段。他愿意 Facebook 可以成为推动世界进步的工具，所以他的想法是让 Facebook 这个平台对用户和第三方开发商都是免费的。他努力地说服股东们，让他们相信公司的未来会更好，也能赚更多的钱，虽然眼前这个想法不赚钱。

“F8 开发者大会”是 Facebook 具有里程碑意义的大事。在经过了公司所有工程师夜以继日的工作之后，2007 年 5 月 24 日，Facebook 在旧金山举办了一场盛大的平台启动活动。扎克伯格网罗到了 40 多个公司的应用程序，在大会上他们演示了这些应用程序。其后 Facebook 作为一个温床，抚育出了几十万个 app，这些 app 无所不能，不论是游戏、生活应用还是其他，应有尽有，只有你想不到，没有开发商做不到。Facebook 像一张大网一样，既黏住了用户，又黏住了开发商。他们赚钱的窍门在于增值服务：如果开发商想让 Facebook 推广它，帮它做广告，就得把它放在显眼的地方，那么就要缴费了，而开发商在看到商机之后是心甘情愿让 Facebook 赚这笔钱的。Facebook 吸取了 MySpace 的小工具文化，让众多的开发商创造各式各样的小工具，投消费者之所好。开发商可以通过在小工具里安放广告实现获利。Facebook 上最受欢迎的应用程序还是游戏，其用户的快速增长令人咋舌。Facebook 负责线上游戏项目的戴维斯甚至预测说：“在未来 3 年里，所有的游戏都会变得社交化，所有的单一设备——不论是游戏机还是手机，或是电视机，都将能够连接到 Facebook 上，并能获取和分享你的 Facebook 数据。”Facebook 激发了创业者的灵感，他们寻求 Facebook 提供大舞台，很多人在这里赚到了人生第一桶金。互联网思维下的生意经绝对不会是你死我活的商战片，而是你我互利共赢的智慧片。众人拾柴火焰高，Facebook 在一群天才创业者和开发商的鼎力支持下，把蛋糕越做越大。

扎克伯格是想像比尔·盖茨一样垄断一个行业，像“Windows 平台”那样一家独大。在 Windows 这个操作平台上，其他软件才得以运行，所以说微软垄断了个人计算机的操作系统。每台电脑的操作系统是自带的，无法取代。

每个行业翘楚都想营造本行业的生态系统，并位居顶端。乔布斯当初就有宏图之志，要创建苹果的生态系统。苹果有自己的操作系统，苹果手机和平板电脑就如同小型个人计算机，其系统 IOS 与安卓系统不同。苹果的应用软件都在苹果商店中，这些应用软件还必须经过苹果的处理。所以，这个开放平台其实开放程度十分有限。苹果产品和苹果软件的发展相互促进，有人因为好用的软件而购买苹果产品，有人因为购买了苹果产品而迷上了苹果软件。现在苹果的上线软件有 50 多万种，谷歌在这股平台化的浪潮中也积极响应，他们开发出了基于智能手机的安卓系统。他们把这个基础操作系统平台开放给软件开发者和终端厂商，让其应用平台覆盖尽可能多的用户群，从而培养起广泛的移动互联网开发者和用户基础。因为 Android 操作系统是完全免费的，所以除苹果之外的所有智能手机几乎配备的都是安卓系统。因为完全对第三方开放，所以越来越多的开发者集思广益，让这个系统更加人性化。第三方软件借助这个平台，比如“愤怒的小鸟”开发者 Rovio 公司居然可以凭借一款游戏达到上市的高度。

台式机和手提电脑的销售量逐年下降，而手机的销售量逐渐上升。智能手机已经全面占领了人们的生活，手机已经替代了台式机和手提电脑的很多作用，机主在手机上也能安装各种 APP。况且因为手机的特殊性，用户用手机大多是休闲娱乐进行社交活动，而非工作。Facebook 迅速建立移动客户端，还联合多家移动服务的运营商，希望他们为 Facebook 用户提供免费、低带宽、手机版 Facebook 站点，以争取更多的用户。“斯巴达项目”是 Facebook 打击苹果的秘密武器。通过 HTML5 这个像特洛伊木马一样的平台将社交功能附加在其他的移动平台上，从而建立自己的电话（如 iPhone）或者手机操作系统（如 Android）。目的在于让 Facebook 在移动设备上实现去平台化，即不依赖 iOS、Android 等任何现有平台，完全依托 HTML5 打造 Facebook 自己的移动产业生态。Facebook 一直占据着个人计算机的市场，他们在移动平台的应用很少，所以在 2011 年，大家都认为 Facebook 肯定会发大招，全面占领智能手机应用上市场。2014 年，Facebook 推出了移动端广告网络，让其他应用程序针对目标客户做广告。移动端的广告收入比重在 2014 年四季度上升到了 69%，高于第三季度的 66%，2013 年四季度为 53%。

紧随 Facebook 之后，全球最大在线社交网、新闻集团旗下的 MySpace 公司称，它将准许外部开发商进一步利用其服务，以便回击竞争对手 Facebook 的高速增长。

Facebook 上强大的应用软件推动了它的繁荣，人们认为，迄今为止在互联网领域，Facebook 平台是最接近于微软在个人电脑上开发出的操作系统。它的目标是变成整合所有功能的社交网站。Facebook 通过这些在手机上的新服务，吸引更多移动用户。数据显示，苹果 iPhone 和 iPodTouch 中，有 8500 万人使用 Facebook 移动应用，普及率约达 50%~60%，Facebook 成为苹果最受欢迎的应用之一。Facebook 与第三方应用之间的关系慢慢变得不像一开始那么纯粹，Facebook 也想从众多成功的应用方那里分得一杯羹，比如它要求第三方使用他们自己的支付系统 Facebook Credits，从中收取 30%的服务费。第三方软件公司叫苦不迭。最热门游戏公司辛加与 Facebook 的合同到 2015 年就终止了，以后何去何从还是一个未知数，也有可能辛加公司另起炉灶。

第三节　电子商务领域的尝试

电子商务领域是许多网络公司的目标猎物，不只是 Facebook 对其虎视眈眈，Twitter 也想在这一领域大展拳脚。电子商务是把用户转化为消费者的最直接的途径。Facebook 为其他一些电子商家带来了显著的广告效果：2010 年 10 月，Facebook 为亚马逊带来的推介流量同比增长 328%，谷歌则下滑了 2%；Facebook 给 eBay 带来的推介流量增长 81%，谷歌下滑 3%。

Facebook 作为电子商务平台，它的发展还十分不理想。虽然很多商家已经认识到 Facebook 对品牌推介十分有效，但是在上面直接销售商品效果不是十分理想。毕竟，即使用户热情高涨地为品牌或者商品点赞，但仍然不能保障商品的销量，关注度不能直接转化为购买行为。调查显示，Facebook 更适合小型零售商、小众产品或是折扣大的商品，而多数电子商务零售商则难以从 Facebook 获利。8thBridge 和 Payvment 尝试让更多的企业通过 Facebook 直接出售商品。用户可以不用再进入第三方网站去购买产品，而是通过 News Feed 了解商品，继而完成支付。用户更愿意这种直接购买方式。8thBridge 已经帮助包括达美航空、1-800-Flowers、HauteLook 和 Brooks Brothers 等企业在 Facebook 上出售商品。闪购是 Facebook 新颖独特的购物方式，曾经有设计师在一天之内就卖出十万美元的作品。Payvment 是另外一家帮助企业直接通过 Facebook 出售商品的创业公司，目前有 6000 个商家使用该公司的技术。Payvment 的店面都在 Facebook 零售商的页面上，这能够吸引到有一些粉丝的企业，但对没什么名气的中小企业没什么大影响。所以，Payvment 又推出了网上商城，把所有的企业集中起来。能够增加企业的曝光度，似乎所有企业看中的都是 Facebook 的广告效果和曝光度，而不是直接在上面的销量。Payvment 购物车的功能跟淘宝相似：用户可以在各家店里逛，把想买的东西放在购物车里，然后逛完一起结账。

8thBridge 还为 Facebook 的驴友们设计了一款全新的旅游规划。比如，它可以为在不同城市的家庭成员一起设计一个出行计划，其中包括酒店预订、机票预订等，这种个性化的定制更能显示出 Facebook 天生的优势。还有一些公司专门通过 8thBridge 向 Facebook 用户兜售鲜花和礼品，并取得了不错的效果。看样子 Facebook 适合走个性独创的销售路子，不是大众化产品的最佳销售途径。

有人对 Facebook 的电子商务前途不很看好，他们认为现实生活中，人们的大部分商品购买都与社交生活无关，比如购买生活用品等还是通过他们熟悉的、可靠的途径购买，所以他们更愿意在亚马逊这些电商上购买东西。这也是因为行业的专业细分，每个网站都被用户在潜意识里打上了标签，Facebook 在人们的脑海里还是更多和社交、游戏什么挂钩的，很多人并不认可它是一家可以购物的网站。Facebook 的电子商务业务方面，还是与社交相关的产品销售效果好，有一家在线票务公司 Eventbrite 表示，每在 Facebook 上分享一条票务消息，都可以为该网站带来 11 次的访问量和 2.52 美元的收入。

2011 年，Facebook 形势一片大好，请看以下的数据：

☆ 月活跃用户达到 8.45 亿（每月至少登录一次）。

☆ 2011 年 12 月，Facebook 日平均活跃用户达到 4.83 亿。

☆ 43%的全球互联网用户都会定期访问 Facebook。

☆ Facebook 的 2011 年营业收入达到 37.1 亿美元，同比增幅达到 88%。

☆ 2011 年净利润为 10 亿美元。

☆ 2011 年 12 月，使用 Facebook 移动产品的月活跃用户数为 4.25 亿。

☆ 用户日均发布 27 亿个 Like 和评论。

☆ Facebook 上建立起的朋友关系超过 1000 亿个。

☆ 每一个活跃用户让 Facebook 每年收入 4.75 美元。

但是 Facebook 的电子商务在 2012 年有一个惨痛的败北经历，很多品牌撤消了在 Facebook 的业务，大多数用户并没有体验到 Facebook 的购物便捷性，因而也没有认同它。扎克伯格将 Facebook 建成全球购物中心的愿望终于落空。2011 年初，Payvment 在 Facebook 上搭建了第一家电子商务平台，许多商家利用这个平台来创建自己的 Facebook 网店。两年来，Payvment 吸引了 17.5 万个商家在它的平台上开店，并拥有了 20 万注册用户，但眼下，它的每月活跃用户数量下降到仅 1 万个。前面也已经说过，Facebook 电子商务的失败有几个原因：第一个原因就是拙劣的设计。它的设计难以与其他流行的购物网站的设计相媲美，包括搜索引擎和产品页面都十分繁琐复杂，让用户望而却步。第二个原因是无法对好友进行分组，用户不希望把购物好友和其他好友混在一起。第三个原因还是隐私问题，用户的信息被透露给商家有时候换来的就是无休止的广告骚扰。其中最重要的原因莫过于寄生于 Facebook 上的网店与其的关系，网店如果做得好也想另起炉灶。

电子商务的不尽如人意并没有阻止 Facebook 昂扬向上的步伐。2012 年 5 月 18 日，扎克伯格穿着帽衫在纳斯达克敲响了钟声。2012 年 3 月，胡润全球富豪榜上，扎克伯格以 260 亿美元名列第八，荣升全世界最年轻的有钱人。和其他一切年轻的上市创业公司一样，Facebook 上市不仅让扎克伯格名利双收，而且让效力过 Facebook 的上千人尝到了甜头，有些初期创始人拿着手中的股值摇身变成投资人。跟随 Facebook 上市的东风，我国国内的一些社交网站的股值也跟着上涨，新浪上涨了 20%，人人网上升了 60%。由于投资者对 Facebook 的热捧，Facebook 向美国证交会提交的修改后的招股文件，原先每股 28–35 美元的 IPO 目标区间被提高到每股 34–38 美元，上调了 21%；发行规模从原先的 3.374 亿股扩大至 4.212 亿股，提高了 25%；加上可供超额配售的 6320 万股，总共可出售 4.844 亿股。如此计算，Facebook 此次 IPO 的募资量最高可达 184 亿美元，超过了 2010 年通用汽车的 IPO（募资 181.4 亿美元）。业界预期，它可能在近年内会成为巨头谷歌的最大竞争对手，它可能成为拥有垄断地位的企业。但是，上市仅一周，它的股价就跌到了 32 美元，较发行价格下跌了 15%。Facebook 在高歌猛进的过程中犯了几个错误：

首当其冲，发行价太高。Facebook 上市前夕，该公司将其价格区间从 28-35 美元提高到了 35-38 美元。后来，Facebook 将发行价格定在了 38 美元。其后股价的表现让投资者们失望，有点高估了股价，股票的发行量又太大。仅在亚洲，该公司发行的股票数量是预定数量的 25 倍。而且，就在 Facebook 上市前夕，该公司又将出售的股票数量提高了 25%，提高到了 4.21 亿股。加之，抛售者众多。抛售的股票中约有 57%来自 Facebook 的内部员工。

Facebook 与同类型网站 Twitter 的上市有一些显著的不同点：

1. 需不需要银行买入。Twitter 股票不需要银行的大规模支持以维持股价高于发行价，并在首日交易时收盘价远高于发行价。而 2012 年 5 月，Facebook 上市之际，摩根士丹利不得不大量买入 Facebook 股票以使股价高于 38 美元。

2. 上市地点不同。Facebook 在纳斯达克上市，马克·扎克伯格在门洛帕克的典礼上为公司 IPO 敲铃，但 Twitter 选择了纽约证券交易所。当日上午在纽交所 Twitter 开盘前，Twitter 首席执行官迪克·科斯多洛与该公司联合创始人出现在曼哈顿下城。

3. 股市是否出现故障。Twitter 股票在周四上午开始交易时没有任何问题。而 Facebook 的上市，因纳斯达克计算机编程问题延误交易达 30 分钟，导致交易商的混乱。为此纳斯达克最终支付了 1000 万美元罚款，并向券商赔偿数千万美元。

4. 规模大小不同。Facebook 提高了 IPO 规模，最终筹集了 160 亿美元。但 Twitter 只提高了 IPO 发行价格，没有扩大规模。Twitter 在 IPO 中筹集了约 18 亿美元，该公司的市值为 144 亿美元，如果计算限制性股票为 180 亿美元，那么 Facebook 上市时的市值将超过 1000 亿美元。

5. 内部人士出不出售股权。Twitter 将获得的所有 IPO 资金，用于一般企业用途、资本支出或以备不时之需。而 Facebook 上市融资超过半数的资金进入公司早期股东，如风险资本家和对冲基金的口袋。

6. 主承销商不同。Twitter IPO 的主承销商为高盛。多年来，硅谷的大型 IPO 包括 Facebook 上市，都由摩根士丹利主导。高盛常常向做多的大型基金出售股票，而不是给喜欢做空的零售投资者和对冲基金。

7. 有没有盈利。Facebook 上市前是赚钱的，IPO 前的那年赚了 10 亿美元。但 Twitter 在 2013 年前 9 个月已亏损了 1.339 亿美元。

8. 用户的多寡。Twitter 有 2.3 亿活跃用户，约为 Facebook 上市时候的 1/5。上市时 Facebook 有 9 亿用户。

9. 禁售股的多少。Facebook 在 IPO 后的 1 年里有超过 10 亿股解除了禁售。而未来 1 年里 Twitter 解禁的股票数量要少很多。

10. 是否在 IPO 当日大涨。Twitter 股价收盘时达到 44.90 美元，涨了 72.69%。Facebook 股价当日大挫。

第九章

节制与进取

——探求马克·扎克伯格的人生哲学

扎克伯格有自己的人生哲学，他不满足于人们强加在他身上的那些符号，比如天才、领袖、商业巨头或者有钱人。和许多平凡人一样，他在不断探索自己的人生意义，只是他比普通人遇到更多的问题，也成长得更快。极简主义是他推崇的，不论在工作中还是生活上都能看到极简主义的影子。他懂得把握经历繁华之后的淡定从容。也许我们还在津津乐道他作为顶级黑客的风采，可是他已经抛却了年少轻狂的轻浮，转而进入了沉稳踏实的企业家阶段；也许我们还在分析扎克伯格在桑德伯格的帮助下变得更加成熟理性，而他却进入了下一个阶段：寻求企业的社会责任和个人理想的实现。我们从未能全方面多角度地跟上扎克伯格的节奏，他永远比我们走的更快，也走的更远。本章节试图通过对扎克伯格心路历程的探索来启发人们追寻更有意义的人生。

少年成名让很多人一夜之间声名鹊起，也在名利的追逐中毁了很多人。比如“飞行家”休斯，他生于美国一个富裕家庭，在他成年前，父母双双去世，给他留下了巨额的遗产。他的传奇在好莱坞和航空产业流传很广，他曾经是年轻的富豪，好莱坞大手笔的制片人，最富有冒险精神的飞行家。他创造了平均时速 352.39 英里的成绩，打破了法国人林白创下的最快飞行纪录。他创造了很多奇迹，然而在后来的岁月里变得身心不健康，不仅因为飞行事故变成了瘸子，还在心理上留下创伤，有很长时间他离群索居，用牛奶瓶子装自己的尿液，别人都以为他疯了。所以，人们很喜欢审慎地看待少年成名者，既怕少年天才被棒杀，也怕他们被捧杀。如果没有一颗强大的内心，或者没有强烈的学习进步要求，年少成名者很可能被误导坠入歧途。扎克伯格为什么能一直稳扎稳打，度过每个人生难关？只因他比别人具有更稳定的世界观、人生观和价值观。简单地说，他有自己的人生哲学，并且始终如一地坚持自己的人生哲学，不因外物的变化而变化。他的哲学追求有些类似中国古代哲学家王阳明所主张的内圣外王。并且，他始终在产品的设计理念上渗透自己的哲学品味。

第一节　内圣外王或者是外儒内道

内圣外王是中国儒家的最高行为哲学，最有代表性的人物是政治家、军事家、哲学家王阳明。他对内崇尚格物致知、修心修身，对外崇尚实现抱负、积极进取。既有极高的精神层次的享受，又不主张脱离实际、向壁虚造。所以王阳明在理论和实践上都有很大的建树。有大企业家说过，做任何行业的顶尖级人才都必须有哲学思维，哲学是一切学科的基础，是放眼未来放眼四方的基石。扎克伯格虽然没有系统学习过哲学，但是他具有很好的人文素养，这与他心理学教育背景和家学渊源不可分割。

稳定的心理机制。“认识自己的优缺点，明白自己想做的不一定就能做到，明白自己做的不一定全能做好。现实粉碎着我们的理想，也粉碎着我们对自己的梦。接受真实的自己，客观对待自己，我们就能走向幸福之途”。扎克伯格很好地认识了自己的优缺点，如果他去做心理咨询师或者做 IT 高级打工仔，也只能成为一个优秀的人，而非成为现在这样一个杰出的人。与哈佛大学多元的价值观也有一定的关系，扎克伯格和他周围的同学们更愿意去追求真实的自我，而不是拼命追逐名利等身外之物。当他发现自己的特长在于编程而非心理学的时候，他果断选择了自己的特长。用自己的长处去和别人的短处拼，而不是用自己的短处和别人的长处拼。他能够迅速把握住人生最核心的事物并加以把握。比如，在其他钻石王老五还在不停地同模特演员们传绯闻的时候，他已经意识到一份稳定而高质量的感情对人生的重要性，虽然他在公司迁往硅谷之后也尝试同其他女性交朋友，但是他终于发现在哈佛一直默默支持他的女友陈才是他的灵魂伴侣。同样优秀的她能在工作生活上帮助他，还给他提供了安全感。一个拥有稳定心理机制的人才能对自己的人生设定迅速判断，作出决定。

相比之下，很多年轻人一直在走弯路。总结原因有几个方面：一是不知道自己想要什么。因为过分看重外在的评价体系，所以不看重自己内心的想法，容易被外界牵着鼻子走，丧失自我。有个十几岁就跟随亲戚出来做生意的女士在三十多岁积累了很多财富之后却陷入了精神上的烦躁期。在别人眼中她事业成功，产业跨了好几个行业，比同龄人更成功更富裕。但是她却一点都不快乐。当她求助心理医生时，医生问她有什么兴趣爱好时，她泪如雨下，她从来没有关注过自己，也从来不知道自己真正想要什么。二是不知道自己能做到什么。不能客观地认识自己。自卑的人看轻自己，认为自己处处不如人，继而离群索居，产生精神上的愤懑和孤独感；狂妄的人高看自己，认为别人都不如自己，不接受自己的缺点，不能听进去别人的劝说。接受自己是进步的第一步，接受自己的优点，也接受自己的缺点，然后做自己可以做的，不纠结自己努力也做不到的，才能实现内心的平静和和谐。第三是不能有效规划人生。有的人具有很高的资质，在人生的某一阶段如鱼得水，取得一些成就，但却不能持续发展。在一些优秀学子身上表现尤其明显，在学生时代是同学和老师眼中的明日之星，但却由于对人生缺乏规划，反倒不如一些学习并不怎么出色的学生在后来取得的成就大。一旦人生有了规划，每一个阶段都变得有意义，即使走得慢点，也是每一步都向着理想和目的前进。

成人世界的孩子，孩子世界的成人。美国著名肖像摄影师马丁·苏勒评论扎克伯格：他的内心，好像藏着一个孩子。不仅他是这样，他的整个团队，似乎都童心未泯。新浪财经产品总监巫云峰在微博中称来造访中国的扎克伯格："刚刚在理想国际门口看见了扎克伯格，一脸的孩子气。"扎克伯格既不是一个一味追求有趣的孩子气的人，也不是一个城府颇深的人，他在成人和孩子之间能无障碍切换。Facebook 以前的女员工回忆创业初期的公司，它刚从哈佛大学宿舍搬到加利福尼亚州，公司仅有 50 名员工，挤在一间狭小的办公室里，校园气息仍旧十分浓郁。它致力于良好工作氛围的创造，"在 Facebook 里，有一点我十分关注，就是友好的企业文化，大家都泡在一起，我不让员工花 20%的时间去进行各自的项目，我让他们都呆在一块儿。我是说，我不是让他们非得成为朋友，而是你懂的，我不能强迫大家在工作之余也都在一起，但可以让他们在与同事相处的时候觉得更舒服，交流得更自由，这不是一个很正式的规则，我觉得就该是这样，想都不用想，这样一来，我们就营造了一种文化，使人们可以随意交流，而且让他们能够比在官僚的机构中，或者比在个人观点不被重视的地方更好地了解彼此的想法，因为交流更顺畅了，思想互相碰撞，最终就会有人开始着手做些什么，这样就行了"。在 2006 年冬季，公司员工一起到美国塔霍湖度假，他们住在一个大房子里。因为喝了不少酒，其中有个女员工随手把装饰楼梯的一个熊皮披在身上，扎克伯格觉得这个很有意思，所以他要求女员工继续披着熊皮。还有人把这些照片发到网上。他的要求以自己为中心的理想主义情结体现了他孩子气的一面，他拒绝成年人世界的妥协和糊弄，他要求精确和完美。他将每个员工从 1 到 5 评级，如果有谁评级是 1 或 2，很快就会被开除。“每个人都有一个明晰的定位，扎克伯格会按照员工的价值使用他们，然后再踢到一边”。他不能容忍平庸，坚持要和最优秀的人一起做事。他虽然严苛而冷酷，但还是有很多天才程序员前赴后继来为他效力。他们喜欢这种挑战自我的工作经历。

虽万千人，吾往矣。他是少数坚持实现最初梦想的人，在恶劣的商业竞争环境中，在众多的社交网站竞争中，他完全按照自己的理念规划企业。他一直具有前瞻性，从不会因为企业的弱小而改变自己的想法。扎克伯格在 Facebook 主页上写道，“我正尝试让世界变得更加开放”。他想让网络覆盖全球，让所有人都能享受到咨询全球化的好处。扎克伯格牵头与包括诺基亚、三星、爱立信、Opera、高通以及联发科等在内的众多科技企业一同成立 Internet.org 组织，旨在为全球最穷困的人们提供可以承担得起的互联网服务。这个举动要比和它一样年轻的企业有责任感得多，也更有前瞻性和人文关怀。在《连线》杂志采访他时，他说到自己让全世界联网的想法，他想通过全球联网来解决一些贫困问题，他说：“下个世纪将发生的事，是一个工业、资源型经济向知识经济过渡的过程。一个工业经济就是零和。如果你拥有某一片油田，那么我就不能在同一片油田上开采。但知识是不同的。如果你知道一些东西，然后你可以分享——然后整个世界就会变得更富有。但在这发生之前，贫富之间会存在一个巨大的差距。如今最富有的 5 亿人中，他们所拥有的财富超过了剩余 60 亿人所拥有的总和。” “全球消除贫困计划”创始人之一 Hugh Evans，就提出了用社交网站来消除贫穷的建议。Evans 认为单纯地集资，是过时的慈善。影响力和互动，是现代慈善的根本。社交网络，无疑是提升影响力和互动的最佳途径。俗话说，救急不救穷，授人以鱼不如授人以渔。以往偏重于经济上的援助并不能从根本上解决问题，在穷人们耗费完了别人所赠予的钱财物之后还是陷入无边的穷困。很多人说 Facebook 的 Internet.org 计划彰显了扎克伯格的野心，他想让 Facebook 在全世界扩张。但是，扎克伯格反驳了这一说法，他认为 Internet.org 计划弥补了慈善机构的不足。

也许在理想实现的道路上，扎克伯格的一些做法让人不解，甚至反对，但是他一直掌舵控制着大船的前进方向，他的这种理念能贯穿公司发展始末，还要感谢帕克在硅谷发展初期经验老道地维护了扎克伯格的话语权。扎克伯格是一个积极乐观的人，懂得改变现状。他一直做着别人认为不可能做到的事情。他为年轻人提供的其他忠告是：倾听你的用户，保持简单朴实的特点，做一个可靠的人。

外儒内道是对他深层哲学的概括。他虽然锐意进取、攻坚克难、一往无前，但在内心深处保持着冷静和克制。一张一弛文武之道，他把热情和活力都用到了工作上，所以在生活中他变成了一个内敛文静的人。一个人的能量是有限的，如果在工作和生活中都处于兴奋状态是不能走可持续发展道路的。

第二节　用产品阐述自己的商业哲学

马克思说，“人是一切社会关系的总和”。作为网络时代社会关系的聚合地，Facebook 既是一种产品哲学，也是一个商业传奇。

简单设计哲学。一生二，二生三，三生万物。扎克伯格虽然没有系统学过中国哲学，但是他的一些理念与中国道教的教义不谋而合：世上万物万变不离其宗，要学会给任何事物做减法，还原它本真的样子。Facebook 作为扎克伯格呕心沥血的产品，在方方面面都体现了他的理念精髓：简单、实用。Facebook 体现了扎克伯格极简主义的风格，这种简单便于操作、视觉干净的操作设计受到了业界的好评。极简主义的设计风格背后却有着严格的要求和流程。Facebook 设计团队的工作包括产品设计、市场营销、UI 模式、品牌和前端开发。整个团队由 15 个产品设计师、5 个 UI 工程师、5 个用户体验研究员、4 个视觉（传达）设计师和 1 个内容架构师组成。在这个约有 1000 个员工的公司中，设计团队总共有 25个。

Facebook 的设计团队与其他公司不同之处在于：首先，设计师需要参与整个过程：设计师需要写代码，不断平衡取舍。其次，他们做到了让用户尽快参与体验新设计的页面和功能，并通过用户的反馈信息再完善产品。而且，他们指出：设计师不要爱上自己的设计，不要怀念今天的成就，要永远向前看。作为一个设计师，你需要预测并思考在下一年事情将发生怎样的变化。于是 Facebook 的设计就在一以贯之的风格下不断求新求变。在设计过程中，设计师被提出诸多要求，比如严格符合像素高度宽度要求，必须在所有的语言当中容易被识别，另外需要放弃复杂的过渡颜色和边框图案，因为旧的浏览器可能无法支持。Facebook 的设计部门对于每一个细节，都要深究。一个重新设计“Like”按钮的任务，设计师花费了 280 小时，整个项目为期半年，才获得最佳方案。去繁就简的网页设计也符合移动客户端越来越成为主流的趋势。它的界面非常简单，不费功夫就能掌握，作为普通用户我们只知道它好，却很少知道它好在哪里，它的设计背后经历了多少人的努力和尝试。

不随波逐流。虽然 Facebook 应外界用户的需求也会作出一些调整，但它坚持自己的内核。Facebook 有几个理念是一直不变的：第一就是通过链接改变世界。当初有很多公司也是打着理想主义的旗帜，最后却因为行动不力而被淘汰。Facebook 所做的是事业而不是生意。扎克伯格对于公司的发展态度从来都是君子爱财，取之有道。从一开始他对条幅广告的厌恶就可看出一二：在萨维林把广告商当成财神爷的初创期，扎克伯格就对广告的引入很严苛，他不想自己的社交网站变成那种黄、赌、毒的低级网站，所以根本不接那些打擦边球的低级广告，即使他们当时确实为了钱很着急。Facebook 打破网络的匿名登陆潮流也值得夸赞。在 Facebook 之前，网络的匿名是大潮流，当时流传着一句话：你永远也不知道网络那边是不是一条狗。人们可以在网络上任意造假，比如性别、年龄、工作和学历、相貌等等。这种社交方式不仅带来了很多安全隐患，而且让很多网络社交活动成为无用功。Facebook 勇敢地迈出了实名制的关键一步，让网络社交变得便捷有效。人们在社交网站上提供真实个人信息，并且他在 Facebook 上的朋友圈也是真实可靠的。现在有很多用人单位也会通过 Facebook 来验证面试者的信息，这样看来 Facebook 的可靠性和真实性是官方认可的。有很多成年人更愿意在网络上以真实身份来进行社交，因为在现实中他们已经有了一定的社会定位，为了让别人更加清晰地了解自己，人们倾向于公开真实的身份资料，因为由假信息建立起来的社交活动是无效的，会见光死。比如，一个母亲更愿意在资料中填写自己的子女状况，让别人了解到她作为一个母亲的特质。

第二是让世界变得更加开放透明。他认为世界的潮流趋势应更加透明。我们也看到了当今的社会趋势：越是大公司、大事件，透明度就越高。而透明度越高的组织工作也更加高效。在写给股民的公开信中，他强调 Facebook 希望能改善人们和政府的关系，实现与政府进行更加诚实和透明的对话，并直接授权于民。Facebook 不断完善的产品结构，也与这种理念一脉相承。虽然在“灯塔事件”中，它对个人隐私的侵犯让用户产生了广泛的质疑，但在随后他们用真诚的道歉和取消相关功能让用户满意。它让每个人都有机会成为舆论的焦点，并且能够迅速集结起相当多的志同道合的人们一起做事。假如只有单一的媒介传播新闻，那么有很多政府、行业、群体、个人的信息处于不透明或者半透明状态，像 Facebook 这样的平台越多，信息要保持不透明的状态就越难，所以很多政府、组织、个人在权衡之后，发现与其费尽心思来遮掩信息，不如大大方方公开信息。这也是世界的前进方向和势不可挡的潮流。

第三是用户至上理念，永远把用户的需求放在首位。作为平台，Facebook 是一款满足人性需求的产品，主要体现在几个方面：其一是个性化设置，满足了年轻用户求新求变求酷的倾向；其二是迅速跟随时代开发出新的应用和功能；其三是每次改变都不忘记让用户参与其中，重视用户反馈；其四是提供自媒体的平台，人人都可以成为舆论中心，人人都可以发布信息，成为焦点，满足了人的表现欲；其五是满足了人们八卦的心理需求。可以说，是用户选择了 Facebook，而非是 Facebook 选择了用户。用户可以用它交友、了解资讯、发表博客，甚至玩游戏、听音乐，完成想在网上完成的一切行为。它的用户人数之多，被人们戏称为世界第三大国。Facebook 跨越了不同的语言障碍，在欧洲、美洲、亚洲、非洲及中东地区不断地推进。它在影响着各国的政治、经济、文化。黑格尔说过:“没有热情，世界上任何伟大事业都不会成功。”热情的底色必须是坚定的目标和决心。

第三节　社交王国的“清教徒”

《社交网络》这个电影围绕的一个主题就是“欲望”，年轻人因为种种欲望才产生了社交的需求，进而推动了网络社交的发展。重要矛盾都是围绕扎克伯格和萨维林展开，影片也有点炒作的成分：必须放点料进去，于是整个影片被乱炖成一锅关于男女爱情和友情背叛的时尚剧。这个视角出于普通人的八卦心态，恰巧扎克伯格红了，那么，好吧，男主角就是他了。如果撇开里面关于社交网络的那些情节，但就故事的主要脉络，其实可以套用到任何少年得志的创业家身上。所以，扎克伯格几乎没有肯定影片中的任何情节的真实性。观众对这个题材很买账，即使是文艺青年聚集的豆瓣也给出了 8.1 分的高分。

他有交际障碍吗？影片的开始，就有扎克伯格的所谓“前女友”说，“你或许会成为一个很成功的计算机人才，但是，这辈子都不会有姑娘喜欢你。这并不是因为你脑子一根筋。真正的原因只有一条：你就是个混蛋！”这个剑拔弩张的开头引入了同样复杂混乱的剧情。影片着力把他塑造成一个怪才。影片中的马克·扎克伯格首先是个电脑天才——课堂上那么难应对的程序处理，他心不在焉地三下五除二就解决了，这世界上简直不存在能难倒他的问题。他语速极快，别人都跟不上他的节奏。

在普通人的印象中，貌似天才都有某方面的怪癖。影片将扎克伯格的怪癖设置为不善社交：他不仅不懂该如何对待女友，尊重女性，他也不大懂得珍惜友谊，与自己最好的朋友缺乏交流，在完全浸入自己创造的网络王国之后甚至能够为了利益六亲不认。最后他站在了社交网络帝国食物链的顶端，带来了一场革新，影响了人们的生活方式。但他本人的幸福感却并不由他的成就、金钱与名望全部界定。在那个幽暗空旷的会议室中，扎克伯格只是一个没有朋友的青年人，孤独、沮丧，一遍遍刷新着“前女友”的网页，不知对方是否会接受他发出的友好邀请。以上说法未免显得过分戏剧化。虽然在生活中扎克伯格确实有点不善于搞人际关系，但是他向来能够处理好对他重要的人际关系，比如跟太太的关系，与合伙人的关系，以及与超级雇员桑德伯格的关系。处理人际关系这种技能貌似不牵涉到智商问题，美国前总统小布什先生曾经认识学院几乎一半的学生，但是他的智商只有不到 100，可以说比平均值还要低一些。

朴素才是本色。扎克伯格本人远没有影片那么精彩。他谨言慎行，一步一步稳扎稳打地进步，从不拿自己的公司和事业开玩笑。他拥有 300 多亿美元的身家，被称为最有钱的穷人。他作为慈善事业的标兵人物，2013 年荣登美国慈善家排行榜榜首。在 2013 年他捐出近 10 亿美元用于慈善事业。在慈善编年史列出的 2013 年慈善家排行榜上，还有很多企业名人，他们包括：耐克创始人菲尔奈特、迈克尔·布隆伯格、高通的艾尔文·雅各布、谷歌联合创始人谢尔·盖布林以及 eBay 创始人皮埃尔·奥米迪亚。

据称，扎克伯格在 2012 年与新婚妻子在罗马度蜜月时，午餐仅吃了简单的麦当劳，大概就是几十块人民币，甚至没给小费。这条消息在一段时间内占据了各个新闻的醒目位置，差点成了人们茶余饭后的笑柄。2014 年 1 月，扎克伯格刚换了一辆新车，也只是价值 3 万美元的 2014 款大众 GTI。人们不禁惊呼：太小气了吧。扎克伯格在 Facebook 门洛帕克园区的大厅内对听众表示："我处于这样一个幸运的位置上，我每天醒来之后的工作就是为超过10亿人服务。如果我在别的事情上耗费精神，我会觉得我没有做好我的工作。"

他的生活极简也是为了配合他的工作理念。他的灰色 T 恤无处不在，即使结婚后也并没有让他的着装看起来更体面一些。扎克伯格也乐于把节俭作为自己的标签，这会让别人对他充满好奇，也能让他更具有辨识度，他对个人形象经营的意识在很早的时候就有了，比如在他结婚前也曾经对自己放弃单身钻石王老五这一身份会对企业造成什么影响而思前想后。他对住宅的要求也低到极点，在结婚前他与女友一直在租房子居住。而且他也从来不在租什么样的房子上大费心思，他告诉替他租房子的助理，房子只要离公司近，能够走着上班，走着下班就行了。在他租来的房子里，书房只有一张桌子，三把椅子和两个书架，厨房也很小。他愿意把欲望降到最低，倡导极简主义生活。第二是为爱好而工作和生活。大部分人还只是为了生存而工作，选择一份自己不太喜欢的工作，每天处于抑郁情绪当中，消极怠工，升迁无望。为爱好而工作却可以激发自己的热情和能量。扎克伯格就一直为自己的兴趣爱好工作，所以他没有成为其他大公司的工程师，也没有成为普通的心理咨询师，而是成为了影响世界的企业家。第三，有选择的交际活动。交际活动十分耗费能量，如果花大量的时间在交际活动上，这个人在事业上也难以取得长足的进步。要留有必须的独处时间才能更好地和心灵对话。扎克伯格对于人际关系一直保持一定距离，即使他后来规定自己每天要认识一个陌生人，也是为了保持头脑的活跃度。他很少把时间浪费在不必要的人际关系上。第四，和灵魂伴侣结婚生子。灵魂就是元神，携带着多劫的生命信息，灵魂伴侣就是有前世善缘的人，灵魂之爱才能彻底调动人体的先天能量，甚至调动宇宙大能量，两个人的爱情为人类创造奇迹。图钱、图貌这些表面的标准彻底死亡，男人和女人才会回归人的幸福。

他的逸闻趣事也显示出他的简单生活也十分温馨和有趣：他是红绿色盲，对蓝色的识别最好，所以把 Facebook 的主界面设计成蓝色调。他几乎是素食主义者，只吃自己亲手杀的动物。他拥有 22 万 Twitter 粉丝，但他 4 年内只发过 19 条 Twitter 消息，最长 15 个月发不了一条。他有一条名叫 Beast 的匈牙利牧羊犬，那只狗的 Facebook 主页吸引了 150 万粉丝。

他的朴素和简单源于优良的家庭教育。他有良好的家庭教育，拥有正确的价值观。在一个被爱环绕的环境里，扎克伯格人格健全、心理健康，对物质有务实和客观的看法，不为外界所左右。他的知识分子父母素质很高，在他小时候重点培养他的一些优良品质，比如对弱者的同情心和对特长的发掘。由于他父母爱的教育，让他对人生的需求有清晰的认识。有的人终其一生就处在马斯洛需求层次的最下层，只是为了吃饭穿衣而活着，有的人可以从生计中挣脱出来有了尊重和荣誉的需求。扎克伯格小小年纪就树立了自我实现和帮助他人的人生目标。扎克伯格在小学时候性格有点乖张，他母亲一直担心这种不合群的举动会影响到他的性格。所以，他的父母积极引导他的行为，直到现在他的父亲还在自己经营诊所，过着充实简朴的生活。

第四节　领袖气质不是一天炼成的

别人称扎克伯格为禁欲主义者。他对自己的严格要求到了苛刻的地步，对下属也是。如果你不是一流的人才，那么在他的苛刻和挑剔下，与他共事会让你觉得自惭形秽，他也会毫不留情地开掉你。

过人的专注力和毅力。Facebook 有一位叫作扎塔尔的工程师，闲暇时候他和助手在一起开玩笑。他的助手是一位肌肉男，扎塔尔向他讨教怎么才能像他那样拥有好身材。助手告诉他：如果一周内可以做 5000 个俯卧撑，几个月的时间就能变成他这样。扎塔尔觉得助手是在跟他开玩笑。他说，我敢打赌没有人能一周内做到 5000 个俯卧撑。这时候，扎克伯格来到他们身边，“你说的，真的要打赌吗？”扎塔尔问赌注是什么，怎么赌。扎克伯格下了很大的赌注，他说如果他不能在一周内做到 5000 个俯卧撑，他就赔给扎塔尔 15000 美金。扎克伯格说到做到，他马上做了一个详细的计划。即使是在开会的时候，他也会暂停下来，让大家等他做完规定数量的俯卧撑。他以超人的毅力完成了5000个俯卧撑，赢得了这场竞争。他喜欢挑战和冲击自己的极限、高度自律堪比禁欲主义者、富有热情和精力。他的这种异于常人的执着和努力，让他在同事中树立了威信，年轻的企业里需要有一位具有领袖气质的领导。

2009年，扎克伯格开始学习普通话。一方面，是为了跟自己的华裔妻子以及她的家人交流。一方面，也是看上了中国这个大市场的潜力。他规定自己每天下午三点请一位中国员工与他进行中文对话，然后自己再学一小时。他的中文很快派上了用场，如果有中国公司的高管来参观他们企业，他都会用中文跟人家谈话。他能读写至少五种外国语言，包括法语、希伯来语、拉丁语、古希腊语和中文。除了编程，扎克伯格还是一位古典文学爱好者，据说高中时他就能够熟练背诵《伊利亚特》中的诗句。他严格控制自己的时间：一小时健身，一小时学中文，六小时睡觉，剩下的所有时间都专注在产品技术上。他的个人挑战还包括对食物保持感恩，做法是只吃自己宰杀的动物，让自己记住为了吃肉就会有动物牺牲，他对饮食健康很重视。2012年，他还挑战坚持每天写代码。每过一段时间，他就会给自己一个挑战事项，并且坚持完成。他对自己严格要求的生活方式，与他的年龄格格不入，在他这个年纪的其他年轻人对健康的重视程度远不如他。他与乔布斯一样，拥有常人所没有的专注力。乔布斯一生专注于苹果产品的开发，因而他成了苹果教父。扎克伯格专注于社交网络帝国的构建，即使在他发迹以后也没有被其他行业所诱惑。有很多科技公司的创始人最后成为天使投资人，专门投资一些科技公司，但是扎克伯格没有选择这样一条路。他只专注于自己的企业，把所有的心血耗费在上面。

“独断专行的独行侠”。郭台铭曾经说：“民主是最没有效率的管理。民主是种气氛，让大家都能沟通。但是在成长快速的企业里，领袖应该带着霸气。”扎克伯格深谙管理心理学，他着力于树立自己的权威，并且力图让他人按照自己的方式行事。他的强烈的控制欲也曾经被员工们吐槽。一位 Facebook 的内部消息人士称，“公司会上不允许有不同意见，基本上就像是在通用汽车或通用电气一样。”有的员工认为，扎克伯格现在完全按照乔布斯的路子行事，他认为自己是天才，让与自己作对的人过不舒服。他苛刻到容忍不了别人的缺点。2008 年，Facebook 首席财务官（CFO）吉迪恩·余的离职据说就是受不了扎克伯格的刚愎自用和独断专行。陆续还有其他高管因为这个原因而离职。在高层会议上，扎克伯格很难容忍其他人的不同意见。

扎克伯格的强硬态度也曾经遭到过讥讽。在对自己的过分自信下，他甚至称:“颠覆性的公司不需要听取用户意见。”让整个业界和用户都产生了反感。Facebook 曾经某次首页改版引起了用户的不满：它引入了类似 Twitter 的实时更新好友动态的功能，但该功能却牺牲了用户对关注好友的动态更新比重，因此遭到了大多数用户的批评。据说，增加了新功能后，Facebook 之前的特色实用功能都被掩盖掉了，就连硅谷最拥护新产品的业内人士也讨厌它。然而，据 Facebook 内消息人士透露，扎克伯格这次对用户的意见毫不在乎，并坚持说“受用户意见左右是愚蠢的”。每个人的性格成分里都有多面性，并且就态度强硬这个特点是好还是坏，需要看它的实地环境，如果在一堆意见中能颇具远见地一锤定音那么就是好品性，如果逐渐演变成刚愎自用，也许会造成负面影响。

但是，在公司创立之初不是这样的，他从谏如流，初期所招募到的员工也是因为这份信任和各抒己见的宽松氛围而加入的。扎克伯格也许在公司如日中天的时候被媒体过分吹捧后有些自我膨胀。所以，他挤走了很多意见与他相左的高层。扎克伯格数年间跨越了集团高管，事业部总经理，事业部副总经理，部门总监等诸多层级，直接从一线经理成为了CEO。他的跨越式发展让其他企业的创始人的事例丧失了参考性。在一些案例中，创始人在上市之后被迫离开自己亲手创办的公司，表面上的原因都是因为未能达到市场的期望，其深层次的原因，是这些人没有驾驭大型公司的管理经验和领导力，而扎克伯格却能伴随公司的成长始终是当家人。观察国内的一些科技公司，也有很多人和扎克伯格一样，本身就是技术人才。因为为公司立下过功劳，有的人二三十岁年纪轻轻就能身居中层或高层，手下管理数百人，但技术过硬并不意味着管理过硬。扎克伯格可以说是这些人的代表人物。

保罗·艾伦评价说："我无法在世界历史上找到一个先例，这么年轻的人却拥有这么大的影响力——等一等，只有一个人，那就是亚历山大大帝。"他一直在和英特尔首席执行长保罗·奥特里尼、甲骨文公司总裁查尔斯·菲利浦斯碰面，讨教如何更好地管理他这家独立的公司。扎克伯格建立了双重投票机制，使得自己在日后不会太多受到其他普通股东的影响。

第十章

敲响13亿人的大门

——“中国，我来了”

前面提到，扎克伯格花大力气学习中文后不久，就进行了一场甜蜜的中国蜜月。大家关注到，他的行程中除了拜访女方家长还显得符合度假的内容之外，其他大部分时间都奔波于中国的几大网络科技企业中间，他在忙于自己的公务。从百度到阿里巴巴，他拜访了一个又一个可能的合作伙伴。四天来扎克伯格马不停蹄，从北到南分别拜访了四大 IT 巨头——百度李彦宏、中国移动王建宇、新浪曹国伟和阿里巴巴的马云。其间还见缝插针去清华大学秀了场中文演讲。一个 13 亿人口的大国市场，他怎么能轻易舍弃呢？“如果你遗漏了 13 亿人的市场，还如何能连接整个世界”？扎克伯格 2009 年 10 月在一次公开演讲中这样说道。“看看扎克伯格这几天去的地方，分别意味着什么”？一位观察者在网上评论道：“中文搜索，移动互联网、Web2.0、电子购物，扎克伯格的野心够大的。”扎克伯格对中国既有市场的要求，又有价值观输出的愿望。

早在 2005 年的时候，扎克伯格就在向中国递橄榄枝，它注册了.cn 的域名，想要进攻中国市场。虽然因为种种原因，Facebook 没能登陆中国市场。2007 年底，Facebook 开始为在中国开展业务进行布局，其曾以中文名“美国菲丝博克公司”在中国申请注册了 60 多个不同商标。虽然没有进驻，但它的业务触角却伸向了中国市场。2009 年，他们通过香港办事处向中国大陆企业兜售广告。“中国出口商和开发商都将 Facebook 视作一个接触海外客户的绝佳渠道。”2014年，他们通过戴德梁行租下了北京CBD财富金融中心一处800多平方米的办公地点，从这里甚至能够看到故宫。显然它的办公地点十分显眼且昂贵，并且这层办公楼的2900平方米的面积并未完全租赁，这层只有Facebook一家公司。Facebook的中国广告业务自2009年始一直没有间断，那些希望吸引海外客户的中国广告主明白Facebook的优越性。在中国Facebook还拥有数千名应用开发者。它与中国市场还是有着千丝万缕的联系。

第一节　为进入中国一直在努力

时值中国传统春节，Facebook创始人马克·扎克伯格在除夕夜上传了一段用汉语拜年的视频。扎克伯格在视频中说:“大家好，新年快乐！在脸书，我们会有一个大春节晚会，在这个晚会上，我们会有舞狮子表演和中国各地的食物。祝福大家：新春愉快、阖家欢乐。我希望大家在这羊年，幸福美满，洋洋得意。”他对中国一直保持好感，对中国市场一直保持进取心。虽然他们并未登陆中国市场，但是从未放弃中国市场。桑德伯格曾说:“中国市场比较复杂，我们也在通过不同渠道处理这个问题，但是我们还没有任何具体的安排和措施，也没有作出最终决定。”

互联网大鳄们在中国的困境。对于互联网公司，中国永远是一个充满诱惑的地方。截至2013年12月，中国网民规模达已6.18亿，手机网民规模达5亿。很多国际互联网大公司前赴后继在中国开拓市场。EBay、谷歌、亚马逊、雅虎以及最近的Groupon等全球著名互联网公司都在拓展拥有13亿人口的中国市场时没有取得非常大的成功。2010年初，谷歌宣布退出中国市场。根据业内的估计，如果 Google 退出中国市场，估计 5 万以上从事 Google 广告代理及搜索引擎优化的人员将失业、20 万以上的个人站点将失去网络赚钱的渠道、100 万以上的企业网络推广将受影响、10000 万以上的网民将无法正常搜索信息。然而这则消息大概只是被大家议论了几天后，中国网民开始继续使用国内的搜索引擎百度，貌似并没有业界预测的那般严重。退出的起因是在与中国作家协会等机构就关于中国作者著作版权的使用和费用支付等方面的谈判陷入僵局。谷歌的本土化一直不甚理想，有人说，谷歌在中国的几年时间里并没有完全了解中国国情。在谷歌退出前，它的市场份额是 33.2%，大大低于本土的搜索引擎百度的 63.1%。中国 IT 界人士唐骏所说："谷歌退出中国市场将是他们作出的历史上最蠢的决定，放弃中国等于放弃半个未来世界！"国外企业但凡做得好的，比如可口可乐、麦当劳、肯德基等企业都是选择了适应中国的环境，大踏步地推进本土化进程。在十几年前，我们是无法想象肯德基也有本土化的米饭套餐可以卖。

2013 年 9 月 1 日起，中国雅虎正式停止了其门户网站业务，已经不再提供资讯及社区服务。亚马逊商城在中国也是举步维艰，它面临的是本土的淘宝网和京东商城。亚马逊高层曾经表示："中国网络购物市场蕴含巨大发展潜力，亚马逊在中国将持之以恒，着眼未来，长期投入。"2015 年 3 月，亚马逊在中国市场不惜一切代价获取竞争优势，它准备在竞争对手天猫商城上开店。亚马逊在中国市场的高层王汉华在前期也做得风生水起，他扎扎实实地做了几件事：切换到亚马逊全球的系统平台；把亚马逊具有核心优势的仓储系统引入中国，构建亚马逊中国的仓储网络和相应的管理体系；稳定了团队和市场地位。但是亚马逊还是存在水土不服的状况，这种形势到最后王汉华也无力改变。亚马逊失败的直接原因是与中国本土电商的价格战。王汉华不赞成打价格战，他认为这样做无法维持顾客的忠诚度。他的战略是坚持打造高品质的用户体验，这和其他本土电商用价格战迅速吸引客户是不一样的。前几年，京东商城挑起了史无前例的价格战。国美和苏宁先后杀入其中，当当网紧随其后。王汉华表示：“这次价格战背后是忽悠，价格战不能引来用户忠诚度，最终受伤的是供货商。”亚马逊的低调路线显然并不适合中国电商市场：中国电子商务市场以价格战和促销见长，善于此道的天猫和京东都有新进展，而练内功的王汉华却离职了。亚马逊的优势是整个公司后台、技术、物管的优势，长期持之以恒才能看出来。国外互联网巨头在中国的发展势头并未像他们预料的那样好，他们都遇到了本土强劲的竞争对手，并在较量过程中屡屡败北。

Facebook 中国化。如今，Facebook 在中国的渗透率几乎为零。想要进军中国市场，Facebook 必须解决好如何迎合中国网民本地化口味的问题。中国职业社交网站优士网首席执行官卢汉森指出：“要想进军中国市场，Facebook 最好选择建立或购买一个本土化团队，然后让这一团队打造能够在长时期内适合本地市场的产品。只有这样，Facebook 才有可能在竞争中取得突破，但此举也无法保证该公司就一定能够成功。”Facebook 一向有自己的坚持，譬如透明、公开的要求，他们要进驻中国就必须对中国的政策环境、商业环境和传统习俗作出妥协。Facebook 在中国的办公室只雇佣兼职的员工，还没有雇佣专职的员工。如果他们雇佣专职员工就需要申请工商运营执照。Facebook 的员工曾经透露，工商运营执照因为种种原因两个月时间也没有消息。它打开市场之路举步维艰，有人甚至放言：扎克伯格本人来运营中国市场也未必有好的结果。Facebook 不仅要适应国家的政策法律，还要迎合网民的口味，确实挑战艰巨。网络匿名登录还是中国网民的习惯，虽然当前的微信和微博都采用了实名制，但是中国网民是否适应 Facebook 的完全透明和公开的个人状态，谁也说不准。

Facebook 的海外扩张之旅。在完成首次公开募股（IPO）后，Facebook 必须开始着眼于海外市场以寻求进一步的发展。Facebook 在几乎所有可进入的国家的社交网站中都拥有绝对的市场占有率，但由于多种原因，它在几大市场上却很难赢得主动权。根据 comScore 发言人所称，"现在从世界范围来看，Facebook 只有在 5 个市场中未能成为排名第一的社交网站"。而文化差异，政府干预以及当地竞争对手等因素也是 Facebook 发展所面临的巨大挑战。

我们将列出马克·扎克伯格的海外扩张中需要面临的一些国家。其中有一些已经拥有较高的 Facebook 渗透率，也有一些是 Facebook 必须想办法挤进去的麻烦地区。

在俄罗斯 Facebook 覆盖了 1/5 强的在线用户。根据 comScore 的数据显示，俄罗斯拥有世界上投入时间最多的社交网络用户，并且在这里 Facebook 也取得了快速的发展。Facebook 在俄罗斯尽管发展迅速，但只能屈居老二。第一名是 VK.COM。VK 是欧洲最大的社交网站，拥有超过 1 亿的用户。扎克伯格正在奋力企图攻占俄罗斯第一的宝座。近几年，他们动作频频，比如招募应用开发者军团。Facebook 试图通过网罗一批俄罗斯新兴的应用开发者，为其平台服务。由此看来，扎克伯格确实对东欧市场煞费苦心。在韩国，Facebook 拥有绝对的市场占有率。它进入韩国时间较早，1999 年就进入了。在日本，Twitter 是老大，Facebook 必须打败它才能坐上第一名的宝座。它现在的日本市场占有率也是 1/5 强。在越南，Facebook 同样受到了审查制度的打击。2009 年起，它受到了越南政府的限制。还是有不少用户翻墙使用。Facebook 对于未能入驻或者发展不足的市场一直保持热情度和进取心，他采用迂回的战术，一步步地试探和进攻。

第二节　中国的竞争对手们：不得不说的微信

扎克伯格说，那些国外的克隆网站严重阻碍了 Facebook 的国际化进程。虽然这些克隆 Facebook 的社交网站通过模仿再次证明了 Facebook 的强大功能，但是这些山寨网站也给 Facebook 的推广带来了麻烦。扎克伯格认为：“那些美国以外的克隆网站使 Facebook 难以在海外发展。特别是俄罗斯的一些站点，在模仿 Facebook 方面做得尤其好。他们创造了一个如此强大的网站，让进入俄罗斯市场快 10 年的我们依然无法打败他们。”这些模仿网站的迅速成长是因为一些得天独厚的优势：比 Facebook 更早进入市场赢得用户。有的还会通过打擦边球来提高竞争力，比如：一些克隆网站为用户提供了非法文件上传保存功能，使得它们更能吸引那些寻求免费音乐和盗版电影的用户，俄罗斯的部分网站就能提供此功能。

本土竞争对手。中国的社交网站发展较早，一些社交网站已经抢先占据了市场，赢得了数目巨大的用户，有半数网民经常上社交网站。实现个人/企业目标的社交网有：101 目标网休闲游戏；交友：开心网、人人网；婚恋交友网站有：世纪佳缘、珍爱网、百合网等。求职类社交网有：51job、智联招聘。人脉社交网有：人脉库、天际网、优士网。社交软件：QQ、微信。国内社交网站已经发展成为拥有自己的应用程序套件、新闻门户网站、虚拟货币以及电子商务业务的完备网络平台。Facebook 在 2009 年试图进入中国市场的时候，已经有业内人士指出，已经为时略晚。中国的网民已经找到了自己喜欢的社交平台，并建立了自己的社交网络圈。中国最受欢迎的社交网络平台首属新浪微博，注册用户超过 2 亿。此外，人人网、开心网、搜狐微博、微信等也都占据牢固的市场地位。国内的社交网站也在图谋思变，努力防止被分流，并基于现有用户规模创造更大价值。Facebook 在这些本土网站面前优势显得薄弱。人人网和开心网本身就是模仿 Facebook 的，但是它们在中国早已占领市场，那么本尊的那些竞争优点已经不算是优点了。用户精力有限，也不可能同时维护好几个账号，所以同种社交网站和软件就会有替代和选择。如果用户要接受 Facebook 就可能需要完成从其他社交网站到 Facebook 的搬迁，大量的信息和图片也让很多怕麻烦的用户望而却步。每个社交网站都有自己的忠实粉丝，Facebook 有国际交往更加频繁的中国用户以及生活在中国的外国用户群体这两大用户群，但他们的数量远远不够，即使他们能进入中国市场，Facebook 也只是中国用户的选择之一。

微信和 Facebook 的优劣势。中国腾讯旗下的微信开始了国际化的历程，微信全球用户预计已经接近 3 亿，并开始大规模的国际化进程，日本、东南亚成为首要战场。早在 2013 年 2 月底，腾讯即成立微信美国办公室，负责美国微信用户的发展及研究、公司客户关系的建立及拓展合作，这也被视作腾讯国际化战略的“先遣部队”。而在不久后的全国两会上，作为全国人大代表的马化腾提交了《关于将互联网企业“走出去”提升为国家战略的建议》的议案。它的最大竞争对手无疑是 Facebook。来自 Facebook 的内部消息称，Facebook 的移动产品团队对微信的产品相当有兴趣，并认为在支持语音沟通特别是群组语音沟通的功能上，微信做的比 Facebook 好很多。但在微信上的各种应用却没有明显的竞争优势。微信的公众号相当于 Facebook 的公共页面，朋友圈就相当于 Facebook 的时间轴。微信的游戏相较于 Facebook 显得非常薄弱。人们对微信的青睐某种程度上也因为用户想逃离 Facebook。很多用户对 Facebook 的社交功能感到不满意，并且认为上面没有太多有用的信息。有美国用户认为："我们每天都用Facebook，但在上面我们的儿女都不是我们的朋友。虽然他们每周末都回来吃饭，但在Facebook上，我们要装作不认识他们。""我不怎么上Facebook了，没太多有用的信息。身边的人也差不多。对于社交，就使用更私密的。我用couple和snapchat。""在FB上晒图已经out了，大庭广众下去吆喝已经out了。回归到自己一片小小的空间。可能是对太多信息的一种回归。我手机上的app也逐步减少，也是一样的原因。"现在Facebook的现实情况是："现在用微博、微信比较多，朋友很多也是转到微信。外国朋友的转Instagram和Google+的也有。一是因为FB初期加了太多莫名其妙的朋友，把圈子搅得很乱；二是越来越多的广告和我跟我的朋友没什么关系；三是它几次改版后变得越来越不好用；四是朋友用的少了，互动差了，自然就不爱用了。"用户的纷纷离去不仅是上述原因的作祟，也有其深层的原因：是人们对社交圈子的精简化的渴望。人们不再热衷于炫耀自己的朋友圈的人数，而是着重于提高朋友圈的质量，最后的社交需求只是一些有工作协作需求的同事和一些聊得来的人。当前在国内人们也对朋友圈子作出了理性的分析，朋友的多寡不重要，重要的是朋友的质量和友情的深浅。国内曾经在国际新闻圈子红极一时的媒体人××就是一个反面教材：他曾经号称全世界那些最有权势者都是他的朋友，其中包括克林顿、希拉里等，但是他因为触犯法律而锒铛入狱的时候，没有一个人站出来替他说一句话。人们不禁反思，这样虚假繁荣的朋友圈子到底意味着什么？因而，当前人们着力建设有效能的朋友圈子，真正在物质上和感情上能对自己有帮助的朋友圈。

Facebook的最早使用者是包括学生在内的一批年轻人，为了求新求变，他们在使用之初加入了很多好友进来，可能有偶尔认识的人，或者自己也记不清楚的一些莫名其妙的人。这部分人现在已经步入社会，不再是毛头小伙子或者小姑娘，他们有了自己的社会角色和家庭角色。所以精简朋友圈子，不管是现实的，还是网络的，都是他们成熟的必要经历。他们更需要点对点的交流，而不是一个人对着一群人交流，后者显得效率差得多。Facebook 还有一个症结就是当初它从 PC 机用户中聚集了大批的粉丝，现在转战到个人移动终端后，用户还有一些分流。微信相较于 Facebook，朋友圈和聊天群是半公开的，只是对用户指定的人群开放，这比较像 Facebook 当初收购的 Instagram。全公开的是微信的公众号，公众号的主人愿意得到更多的关注。微信与马化腾在 PC 机时代设想的信息场景几乎吻合：在功能上是私密的 QQ 加上半公开的 Qzone 再加上全公开的微博的集合。微信是移动终端占领市场时代的产物，它比 Facebook 有一些自己的优势。微信也会遇到 Facebook 一样的问题和瓶颈：不必要又碍于面子拉黑的好友，有人想要把朋友圈划分为若干小门类。曾经有用户谈到微信朋友圈的一些怪现状：同一个人的微信朋友圈公开的内容面对不同的对象是不同的，这些不同的对象偶而一起交流后就恍然大悟，原来他们的可见度是不同的。越来越多的人对微信的朋友圈功能感到厌烦，朋友圈的内容在经过一段时间的惊喜之后，大家都有审美疲劳，随处可见的心灵鸡汤和段子，以及晒货、晒景、晒生活、晒心情。但是微信还是留住了大部分用户，因为它的语音功能实在是强大，而且免费，有谁能够对免费的好东西说 NO 呢？互联网企业的悖论是：一方面，任何互联网公司都想占领尽量大的市场并永葆活力；另一方面，任何互联网公司的产品都会过时，都有缺点、流失用户，最终被更强大的新生对手代替或者蚕食。

微信在印尼等东南亚周边国家争夺着 Facebook 原本已经占领的市场。2013 年 2 月，腾讯与印度尼西亚最大的媒体集团 PT Global Mediacom 子公司 MNC 组建合资公司，以此进一步拓展印尼快速发展的社交媒体市场。中国投资基金高瓴资本亦参与此次合资。

分析者认为，高瓴资本投资公司方面曾表示，印度尼西亚的国家现状更适合中国的商业模式。现在微信正在走国际道路，公司对它以后的海外成绩单期望颇高，准备通过大手笔的营销策略攻占市场。

第三节　人人网和开心网的"前世今生"

要说到国内的社交网站，人人网和开心网是绕不开的。它们都曾领导一时风潮。

人人网的起承转合。近来，造谣人人网倒闭的声音不绝于耳。1月，人人网发消息称将下线站内信功能，并表示感谢网友的支持，这被当作是人人网逐渐衰弱的明证。曾经红极一时的社交网站在时代不断向前的今天，似乎没有跟上脚步。2月2日，人人公司针对其站内信功能关闭被曲解为人人网关闭一事发布声明称，正在搜集有关证据，并将针对相关恶意诋毁或虚假造谣者采取相应法律手段。人人网是国内最接近Facebook的克隆网站，也是起源于学校的社交网站，2005年前后，在北大、清华、人大三所中国最好的大学使用，彼时还叫校内网。人人网是由千橡集团将旗下著名的校内网更名而来的。2009年8月4日，千橡集团将旗下著名的校内网更名为人人网。2011年5月4日，人人网在美国纽交所上市。与Facebook相似，人人网刚建立的时候一个最重要的特点是限制具有特定大学IP地址或者大学电子邮箱的用户注册，这样就保证了注册用户绝大多数都是在校大学生。随着学生的离校，许多学生仍然继续登录校内网，所以，顺应潮流，校内网更名为人人网。网站鼓励用户实名注册，它集博客、论坛、相册、群组、校友录、即时通讯、娱乐等多种功能于一体，成为国内最有影响力的社会型网络社区。2011年9月27

日，上市不到半年时间，人人网宣布将以 8000 万美元收购 56 网。2009 年 10 月 27 日，人人网召开人人连接战略联盟发布会，正式宣告人人网将通过人人连接技术实现与各垂直领域优秀网站的全面连接，为用户带去更丰富的互联网生活体验。链接的网站包括有大众点评网、豆瓣网和土豆网等。

人人网是一个功能强大的平台，2011 年的一份针对大学生的研究报告显示：96.5%的同学表示正在使用人人网，大大超过了其他网络工具，其中 1/3 的人承认对人人网有依赖性。人人网的优势不仅表现在用户的忠诚度上，它的后台管理也十分突出：人人网 CEO 陈一舟是一位聪明、顽强的投资者，经验丰富的中国互联网公司经理人，有智慧的生意人。中国互联网市场知名观察人士比尔·毕舍普称:“陈一舟是一位能把握时机的杰出 CEO。”

当前，人人网上的很多用户已经“搬家”，或者已经丧失活跃度。所以，人人网的产品存在一定的问题，当年的“死忠粉”的离开就是证据。首先，模仿是没有灵魂的。2013 年 1 月，人人网对外发布了两款移动应用产品，一款叫啵啵的应用主打语音移动市场，另一款叫“美美”的应用主打照片社交市场。结果是这两款产品的相似产品早就出现了。啵啵的类似产品啪啪早已上线，而美美则是衍生于一款美国 instagram 的产品。

其次，核心价值模糊，即缺乏核心竞争力。人人网更名扩张后并未像 Facebook 那样高歌猛进，是因为它的发展速度遮挡了它的发展方向。从校内网到人人网，看似是名字的更换，其中更是核心价值的更换。本来，校内网的定位是做学生群体，现在扩展到社会层面，竞争优势明显减少。此时，又遇到了微博、微信等强劲的竞争对手，抢占了大量市场。同时，人人网累积的用户也是基于 PC 机，到了智能终端时代，流失了一些用户。人人网的定位越来越模糊，这不能不说是其领导者陈一舟先生战略上的问题，他是一位优秀的投资人，但不是一位优秀的技术人员，所以他的一切规划都是基于赚钱的考量，而非是产品本身。他的模仿原型 Facebook 成功的最大原因是它的专业性，它的创始人是一帮技术天才，最高决策者也一直参与产品的研发，因而它的产品在技术上具有独创性。

再次，是独创性的东西越来越少。人人网一直以来缺乏拳头产品。根本的原因是人人网只是简单复制 Facebook 的各种产品，并没有提供真正的好产品。因而有人断言人人网是一家没有灵魂的互联网公司。《21 世纪商业评论》的文章曾评论道：人人网没有拳头产品，从出击到防守都缺乏有利的武器。内容陈旧，不易抓住客户，缺乏微信、微博的新鲜感。人人网用户数据 2013 版，注册用户 2.8 亿。月活跃用户 PC1.1 亿，移动 0.26 亿，90 后占 15%，带地理信息的原创内容日均 170 万条，活跃度比以前下降了。校内网蜕变成人人网之后，它也有过自己的黄金时代，比如“偷菜”这个小游戏，风靡一时，给它带来了数目可观的用户，但只靠一两个小游戏，或者一两个点子走天下的想法是不现实的。任何一个可持续发展的公司都必须在战略架构上能站得住脚，不断模仿的战略架构让它在以后的日子里越来越暗淡。人人网红火之后，它的一些主推小游戏甚至不如 QQ 游戏。人人网对 Facebook 的模仿是全方位的模仿，甚至包括界面设置。它们的界面都是蓝色。Facebook 曾经做过实验，每隔一段时间改变一次网站蓝色的深浅，然后他们发现，人人网总会紧跟其后开始调整自己界面的蓝色。

陈一舟曾经感叹人人网的问题是因为腾讯的强大，还有人人网在上市之后就遇到了 PC 机业务向移动终端转移。陈一舟还是积极应战，意图转型。当微博、微信等热门的产品成功，以迅雷不及掩耳之势将用户注意力卷走之时，已经所剩为数不多的用户的人人网才开始猛然醒悟，在陈一舟的领导下开始积极转型，将注意力集中在游戏、视频等方面。这种策略在短期内，似乎取得一定成功，尤其是游戏业务，在 2011–2013 年之间其营业收入甚至已经分别占到37.6%、56.1%、54.5%。而至于人人收购的56视频，一直是亏损状态。

有很多网友表示：自从微信朋友圈出现后，越来越多的人已经好久不上人人网了。社交平台是传播用户传递情感的工具，对于很多人人网用户来说，人人网已是青春和历史的一部分，对于人人时代的远去，有失落更有对自己即将逝去的青春的感慨。

开心网的功败垂成。开心网是国内第一家以办公室白领为主题的社交网站。网站创建于2008年3月，开心网提供的产品和服务包括：照片、日记、书评、影评等信息分享平台，短消息、留言、评论等沟通手段，事务管理、网络硬盘、收藏等个人工具，投票、答题、真心话、转帖等互动话题，以及朋友买卖、争车位、买房子、钓鱼、吸乐无穷等互动组件。开心网一度成为最受欢迎的SNS网站。开心网和人人网的战略刚好相反，人人网是产品以外的环节做得好，而开心网就是重视产品，却忽视了产品以外的其他因素：比如营销、广告、商务、市场甚至财务。最初开心网走红的时候，抢车位和买卖奴隶等产品火爆的一塌糊涂，这让开心网负责人程炳皓很欣慰。开心网在一开始是出过好产品的，他曾经说过，早期的开心网更像是一个产品工作室，大家把所有的热情都放在产品的研发上面，几乎公司的核心力量都去做产品了，他们的财务开始的两年都是外包出去的。这里也要提一下开心网的负责人程炳皓。他出生于北京郊区，没有受过高等教育。他凭借自己的努力在新浪做到了技术管理层，因为是自底层努力起来的，所以他十分自信和努力，把所有的精力都放在产品上。负责人的素质直接决定了企业的发展成绩，前面所提到的人人网的负责人因为出身是投资人，所以他把眼光放在赚钱上面，技术出身的程炳皓当然就更重视产品和技术本身。开心网一心发展产品的战略在公司发展之初是不会出现太多问题的，但是随着公司的扩大，问题就逐渐显现出来。可以想象，如果Facebook还是一直走技术黑客道路，那么它的没落也几乎成定局。多亏扎克伯格及时更新理念，聘请了桑德伯格，为企业带来新的转机。开心网在发展迅速的时期，有很多营销团队和市场推广团队自动找上门来，希望能有深层次的合作。但是因为开心网的不重视，凭空丧失了很多机会。而互联网公司的发展最讲究契机，失去了最好的发展时机，以后再想弥补就很难了。程炳皓在开心网衰弱后，也总结了一些问题：比如，对财务的不重视，此外，他还谈到了一些自己的问题。他说自己不是一个商人，他更像是一个技术人才。他的保守思路让公司丧失了很多机会，他要进入一个领域都要先把这个领域搞懂。当然，一个人的精力和能力是有限的，如果能够借力使力，聘请专业的团队和人才，就能省出力量去统筹更宏观的东西，眼界也会更宽。程炳皓说：“做开心网最开始是觉得好玩，后来就做成了一个企业，我得做好，这很大程度上也是一个责任，对员工、客户和投资人负责。”他也在寻求从产品工作负责人到企业CEO的转变。

现在用户对开心网的印象还停留在“偷菜”停车，可见开心网确实拥有拳头产品，却没有专业后台。丧失了抓住上一波互联网公司发展的最佳时机。

第四节　与Google争夺中国市场

“《纽约客》杂志称，对于中国大多数人而言，Facebook就相当于科技版的暗物质，人人皆知这种力量不容小觑，但迄今为止尚不得亲眼一见。”Facebook已经有了70种不同语言，而且超过70%的用户是在美国境外。在中国还无缘得见。但是，中国广告业的触角已经伸到了Facebook，它确实受到了很多商家的青睐。

近几年，美国两大互联网巨头 Google 和 Facebook 开始了在中国市场的明争暗斗。来自市场研究机构 eMarketer 的数据显示：2014 年，谷歌在总规模达到 1400 亿美元的互联网广告市场中占据约 1/3 的份额，虽然 Facebook 只有近 8%的市场份额，但是 Facebook 增长潜质很大。他们的国际市场争夺战中，两家都越来越重视中国市场。中国不缺优秀企业，尤其是那些试图走国际化路线试图打开国际市场的优秀企业，这些企业的有效广告途径之一就是通过大平台，将广告打到海外。目前 Google 在中国大陆的业务主要分为三个部分：全球广告产品的开发、出口业务和移动开发者与合作伙伴关系。Google 中国的出口业务比重很大，即帮助中国的企业在海外市场投放广告从而获得佣金的模式。目前，Google 可以根据广告客户的需求向不同区域的特定人群投放搜索引擎广告、YouTube 视频广告、AdSense 广告以及手机广告。Google 中国副总裁刘允举了个例子来说明他们的出口业务模式："有一家生产碎石机的企业，可能在国内市场的销售已经饱和，但在南美或者东欧的一些国家却有极大的需求市场，这时，Google 中国会帮助企业制订营销计划，通过合适方式在这些市场进行营销。"Google 中国现在的客户大部分是中小企业，这些企业希望海外广告能够直接推动销售额。其在海外打响品牌具有重要的战略意义，比如，很多大企业在 Facebook 上做品牌推介。Google 中国的广告业务做得风生水起，未进入中国的 Facebook 也在开展广告销售业务，还在招募相关负责人。

2014 年开始，不论是传统企业还是互联网企业都开始在海外市场上下功夫，海外营销推广成了大热门。Google analytics 分析工具和移动平台广告工具 Google admob 已经实现了整合。Google 平台上的开发者可以更方面地实现应用内购买的广告推荐。中国大型企业和政府也试图走一条"走出去"的道路。

Google的一个高管曾经说，他们十分期待与中国省级政府的合作。很多中国的地方政府用Google的广告平台吸引海外的观光客。成都市的地方旅游局在优酷上投放的广告就起到了很好的效果，除此之外，山东省也做得非常好。Facebook目前也着手争夺Google的这块广告投放。2014年上半年，Facebook的副总裁史密斯曾多次来中国拜访地方旅游局和负责海外推广的机构。Facebook还尝试与湖南省张家界的官方旅游机构会谈，试图说服他们用Facebook来投放他们的海外广告，打响海外知名度。

Google和Facebook的优势分析。在近几年，Facebook在华广告迎头追赶Google。为了扩展中国的业务，Facebook还从Google挖走了一些广告销售人才。但是因为种种原因，这些人员并没有在北京服务，他们被安置在了香港办事处。2012年和2013年，Facebook就让两家代理公司来代理中国的广告，代理公司下面还有诸多的分销，Facebook并不参与具体广告业务，只是给予宏观上的指导，为这些广告代理提供一些广告技术和解决方案的培训。但是现在，Facebook高层开始直接来华洽谈广告，对待客户相当用心，积极介绍Facebook的广告竞价规则和投放机制。因为Google在中国有两间正常运作的办公室，它采用销售代理和直接广告业务相结合的方式。Google对于大客户也十分注意维护，经常性接触、询问其对广告的满意程度。Google比Facebook的优越之处在于：Google可以追踪数据，广告投放一个渠道号链接后，就可以追踪次日活跃、七日活跃和用户行为。而Facebook却会把这个渠道号屏蔽掉。Facebook的广告能做到比Google便宜，它的投放成本比Google大概少30%-40%。这对客户也是种诱惑。

Google比Facebook开发中国市场要早，也更成熟，并且它也一直在与时俱进。Google亚太区的总监西蒙说：“随着智能手机、平板电脑等移动终端的普及，人们已经进入到多屏时代。我们的重点就是帮助中国的出口电商客户，寻找移动时代的机会。”虽然相较于移动重点用户的使用数量，移动广告的发展还显得落后。在多屏时代，Google 有自己清醒的认识：第一，信息的传播途径多元化，企业应该通过多个终端（不论是 PC 机，还是智能手机、平板电脑）全面地接触用户；第二，提高用户对广告的参与度，不再是单方接受广告信息；第三，营销手段也应该有趣，在互联网时代，比低价和比质量不再能过分吸引人，而有趣和精准的分类营销却能打开用户的心扉。

当前在 Google 和 Facebook 的客户有百度、腾讯、金山、猎豹等大的互联网企业。有些公司会青睐 Google，有些客户喜欢 Facebook，因为它的客户质量更高，用户更有可能将点击率转化为实际购买行为。根据广告主需求的不同，Google 和 Facebook 的广告平台都没有绝对的优势，这自然也让这两家公司在中国的的竞争越来越激烈。现在国际广告投放正处于一个“流量红利”阶段，根本原因在于中国的许多企业，其中包括传统企业和互联网企业有很大的国际市场开拓诉求。

第十一章

不忘初心
——走向成熟的大企业家

一些人一直质疑扎克伯格这类"宿舍里走出的 CEO"的管理能力。随着形势的变化，他调转船头努力成为一名成熟的企业家，接受别人的质疑，打消别人的疑虑。他在"黑客之路"的创业初期，敢想敢干，突破陈规，挑战自我，一度成为年轻创业者的精神偶像。现在，面对公司规模的迅速扩大，他需要向董事会负责、向员工负责、向客户负责、向用户负责，肩上的责任越来越重。现在，他更加开放、包容、坚定、果敢、沉稳，学会经过深思熟虑后作决定，更加崇尚公司的创新能力，同时他热衷慈善，为放开移民政策奔走。他依靠自己的努力逐渐改变了他在人们眼中的形象，但是他又与别的商人相区别，因为他身上罕有的理想主义气质和为之奋斗的行动力，他一直希望通过自己的努力实现世界的自有链接之梦，毫无疑问，他的梦想正在紧锣密鼓的实践当中。

第一节　工作中的扎克伯格

有个中国程序员有幸到 Facebook 工作，他经过筛选入职之后，发现扎克伯格只是一个 23 岁的年轻人，在和新人见面时，扎克伯格问大家有什么问题。禁不住好奇心，也是受人之托，他问了一个很八卦的问题：你有女友吗？扎克伯格始料未及，还是很认真地回答：我有女友。程序员说，大概很多女孩子要失望了。大家哄堂大笑，这个氛围显然是轻松愉快的，跟外界流传的霸道独断的总裁形象相去甚远。

Facebook 的开放性来自于扎克伯格的开放性思维方式。众所周知，f8 大会让 Facebook 宣告了平台时代的到来，他们热烈欢迎应用开发者在平台上展示他们的应用。Facebook 彻底告别了封闭时代，他们了解一个道理：它山之石，可以攻玉。在技术人员眼中，扎克伯格在具体事务上一点也不独断专行。为了保持与员工之间沟通畅通，他每天都会留出一个小时时间与员工进行问答。每周五下午 5–6 点，他都会开大会介绍公司的大事件，然后让员工各抒己见。几乎所有的员工只要有时间都可以参与进来，扎克伯格提倡在公司内部实现尽可能的透明。在公司内部几乎所有的信息都是对员工开放的，甚至普通员工都能看到公司的财务数据。不过，Facebook 要求员工忠诚，要求员工保守公司的信息，如果发现有人泄密，那么必将铁面无私地将其清除出列。扎克伯格是公司的掌舵者，他会把这艘船的航行方向、航行时间、下个目标以及航行图纸都会拿出来与员工分享，只有特别核心的商机机密，才会稍做保护。扎克伯格一直在营造相互信任的环境，相信透明和沟通可以带来高效。有的企业，尤其是传统企业和 Facebook 的做法完全相反，公司的信息很不透明，每个人都只负责自己眼前的事情，他们既不知道公司的发展前途，也不知道自己的个人命运，所有员工只是企业雇佣来的劳动力。这样的公司，在传统行业阶段可能比较高效，因为可以尽最大限度榨取员工的劳动力，但是从长远看，丧失了员工对公司的忠诚度和信任度，因而，企业在以后的创新型发展阶段就会举步维艰。

扎克伯格的体谅和包容。扎克伯格的成长过程就是不断解决公司内外大小矛盾的过程。这其中包括了 2011 年初，他们遇到过的一次负面新闻，每日野兽报道称：Facebook 雇佣一个顶级的公关公司来抹黑 Google，攻击它在保护隐私方面做的不够好。消息一出，大众哗然，一个互联网新贵居然有这种商业行为。报道称：博雅公司找了一个著名的科技博客作者克里斯·索安伊恩让他爆料更多关于 Google 的黑料，结果这个作者把博雅公司的信件公之于众，带给了 Facebook 一次始料未及的公关危机。Facebook 的发言人承认了他们的行为，但是坚持对自己的行为辩护。他们称，Google 在社交领域确实做得不好，并表示，Google 曾经试图使用 Facebook 的用户数据去打造自己的社交网络平台——Social Circle。这次危机公关发言不是一味道歉和妥协，而是对自己的公关部门很维护。这件事在公司内部曾经引发轩然大波，工程师们把矛头对准了公司的公关部门，认为他们惹了大麻烦，还要公司处理善后。扎克伯格在此时说了句公允的话，他肯定了公关部门在以往对公司的贡献，比如产品出问题的时候，都需要公关部门站出来应对，这次应该原谅和支持他们。扎克伯格当时还不到 30 岁，就已经懂得了包容和体谅的重要性。

扎克伯格对《社交网络》一直颇有微词，但是大众不知道的是他居然组织员工包车去看这个电影。大家看过之后也纷纷表示，电影里那个唯利是图的人并不是他们的老板，也许它只说对了 2%的内容。扎克伯格是个有容忍度的人，他能够欣赏扮演他的演员。他和假扮他的演员安迪私下里是好友。在美国 NBC 电视台的《周六夜现场》中，两位演员假扮扎克伯格互相揶揄，然后真身上场，让全场大笑。他其实是有自嘲精神且随和的人，2011 年前后，他还是会为了公司的形象参加多种节目，其中包括奥普拉的访谈节目。

他坚持自己的核心思想。在产品研发方面，他坚持把关，定期开产品研讨会，重要产品一周两三次研讨会，一般产品一个月一两次。针对产品非常细节的问题他也会给出意见，比如，页面设计方面，他会对页边距和像素等小问题提出意见。对于他认同的东西就十分坚持，这些坚持大多体现在理念上。比如说，他对于虚拟货币支付问题就明确提出自己的看法：一定要简单，一定不要挑战用户的耐性。他十分重视用户体验，除非是自己完全不懂的领域，扎克伯格在任何环节都会亲力亲为。他不仅听取用户的声音，还会关注用户的行为。他从不屑于抄袭，认为抄袭这种低端行为不会有长远的发展，所以一开始他就走了一条分析市场数据、倾听用户声音、观察用户行为的道路。他们并不是无师自通地知道分享照片的功能会火，而是采样分析了很多用户的行为，他们发现虽然用户没有明确提出分享照片的诉求，但是大家喜欢上传照片，所以基于这个分析，他们推出的分享服务很受大家喜欢。扎克伯格会理性分析用户的诉求，并不会一味听从用户和市场的反馈。用户也有可能言行一致，好公司也有可能被市场欺骗。成千上万的用户曾对 Facebook 的信息流（news feed）表达抗议，但是使用该功能进行互动的用户行为却一直在增加。因此 Facebook 坚持保留了这个功能，而信息流这个功能也成为 Facebook 最受欢迎的一项功能。Facebook 的移动用户正在快速增长，但是几乎所有的 iOS 用户都对这个 app 怨声载道，因为它太慢了。因此 Facebook 放弃了原先基于 HTML5 技术开发的应用，转而开发原生应用，而这款应用在苹果 App Store 里的评分和用户反馈都获得了大幅提升。你必须在倾听用户声音的同时，还要关注数据反应出来的行为。扎克伯格非常强调执行力。他告诫创业者们，要从小事情、具体的事情做起，打好基础才能赢得以后的发展机会。他也告诉想要创业的人们一定要不忘初心，坚持自己当初的想法，不要因为市场上又流行什么了，或者又有其他创意了而追逐跟风。一个强大的创业内核是可以在不断完善下持续发光发热的。Facebook 就做到了这点，它正在积极完成自己链接世界的想法，并且使这个世界变得更加透明。

只和最一流的人才合作。只和一流人才合作并非是扎克伯格的傲慢，而这确实是一个事半功倍的决定。和一流人才合作好处确实超乎想象：一是一流的人才之间会相互竞争和相互挑战，所谓遇强则强。即使是为了维护自己在公司的地位，他们也会拼尽全力来证明自己的实力。他们也会挑战自己的极限，Facebook 中间有很多人会为自己的努力结果下赌注，比如此前讲过的扎克伯格打赌自己能在一周内做满 5000 个俯卧撑。有一位工程师总监曾立下赌约——如果在规定时限之前完成网站翻译平台所需的代码修改，他将把头发染成蓝色；二是更容易在公司内被委以重任。一流的人才在了解到别人的实力之后，会更好地合作并惺惺相惜，绝对是一加一大于二的选择；三是能够相互分享一起共同进步。一个技术人员的成功能激励别人更加努力，Facebook 鼓励不同项目研发者间公开分享他们的苦与乐、成果与教训，从不吝啬对好项目的公开赞美，这样才能让榜样的影响传播开来。扎克伯格本身就是一流的人才，一流的人才很难容忍二流的人才。一流的人才在工作过程中可以轻易淘汰掉二流人才，所以他们眼里坚决不揉沙子。如果一位员工出错，或者跟不上节奏，若是客观原因，一定要尽力帮助解决，若判断为能力问题，那就通过合法的程序迅速将人炒掉。快节奏的公司里就连炒鱿鱼都十分快捷。在招聘过程中，他们运用自己的判断方法就能留住那些优秀而有帮助的人才。他们对一流人才的判断标准是：第一适合他们；第二是完美的执行力。Facebook 曾经在招聘过程中遇到一个前来应聘的剑桥博士，年纪比较大，他在面试中展露出非常渊博的关于机器学习的理论知识。光他展示出的论文就有 5 厘米厚，结果发现这个人最适合呆在研究所或者实验室里，因为他的学识和思考能力能让他提出一个又一个的好方法，但是缺少完美的执行能力。此人后来在运营组内部也因为各种不作为和给企业造成损失之后，终于离开了公司。

内部推荐制度。海选的办法总是失误较多。所以，他们运用新的聘任制度：内部推荐。事实证明，最有效的途径就是内部推荐，鼓励员工进行推荐，像 Facebook 里 60%–70%工程师都是这样进来的。只有干活的这些技术人才才知道什么样的人最适合公司，他们推荐来的人，一是适用，二是推荐者因为责任关系，也会迅速帮助新进人员成长。并且，推荐也不是白推荐，对于成功推荐的工程师，公司会发给推荐人 5000 美元奖金，推荐设计师的奖金是 1 万美元，推荐其他类别的员工则奖励 1500 美元。这看起来像是一门不错的生意，但做内部推荐的员工一定要有所筛选。

校内招聘。当然，他们也会在校园内招聘。Facebook 一直以来都面临人力紧缺的情况，所以就要把有限的精力集中在最有影响力的事情上，以致在很长一段时间内 Facebook 只到排名前 20 的大学里搞招聘活动、做文化演讲或技术演讲，举办黑客马拉松活动（编者注：本书后面的章节会有介绍）等。一般主持招聘工作的都是公司里相应学校的校友，沟通起来更有效率，但一定会配以不同学校毕业的同事，以防止校友对校友的过度偏向。实践证明，这些学校的学生质量的确会比其他学校要高。Facebook 的工程师队伍里，人数最多的应是麻省理工学院的毕业生，其次是斯坦福大学和卡内基梅隆大学的，这三个学校有美国最顶尖的计算机专业。

编程大赛和头脑风暴。信息时代，一流人才都不会变成世外高人，他们都会通过各种途径试图证明自己的实力。他们会参加知名的编程大赛，比如 Top Coder，美国计算机协会（ACM）主办的国际大学生程序设计竞赛，Google 举行的 Code Jam 等。Facebook 每年也主持黑客杯编程大赛。这项比赛要求参赛者在有限的时间内解决一组算法问题，参赛者可以使用任何编程语言去找他们的解决方案。Facebook 将这一竞赛作为重要的人才招募平台，以便吸引优秀的程序设计人员加盟。获胜者就有可能到 Facebook 工作，并得到相应的奖金。

Facebook 的招聘是全员参与，不再是人力资源部门一个部门的事情。大家都在为公司网罗人才，通过各种途径与潜在的人才接触，不断增加他们对 Facebook 的了解，以便首选。“第一眼面试”那样的招聘方法是 Facebook 不愿意的，它过于潦草和随机，所以他们招人喜欢招“熟人”。这些人在进入公司之前就已经对公司的运营、技术和人员有非常多的了解，所以进来之后工作十分上手。

为了人才，他们还会去收购公司。多年以来，脸谱网已经收购了几十家公司，其中大部分收购的目的是为了得到最优秀的人才而不是产品。扎克伯格认为这种吸纳人才的方式物有所值:“某个在自己的领域做得极其出色的人比某个做得非常好的人优秀得不是一星半点。他们要优秀 100 倍。”

第二节　从技术人才到管理人才

“2005 年 4 月的第一周，我在加州伍德赛德首次与扎克伯格共进晚餐。每当回想起当时的情景，我就会觉得好笑。”风险投资家吉姆·布雷耶（Jim Breyer）说，“我点了一杯黑皮诺葡萄酒，他点了雪碧。我问他，为什么不和我一起喝杯酒。他说，他还有一个月才满 21 岁。”在风险投资家的记忆中，扎克伯格还是个孩子，但是数载光阴他逐渐走向成熟，不再是那个喜欢穿帽衫、搞恶作剧的孩子。优酷的联合创始人陈士骏曾经接受过扎克伯格的面试，他对他的表现十分惊奇：二十岁左右的扎克伯格坐在桌子对面，态度超然，对前来应聘的陈士骏完全不感兴趣的样子，他一直在玩他的黑莓手机，陈士骏不禁在心底问：这家伙会长大吗？2007–2008 年，几乎每篇文章都在质疑扎克伯格，认为他不会成功，那时候他是在主流价值观之外的存在。

现在，他已经融入 CEO 的角色，变得更加成熟和自信，证明自己能够提升其公司的利润，满足华尔街的需要。他还结了婚，并签署了捐赠誓言。最重要的是，他摆脱了青春期的形象。

Facebook 如今市值高达 1530 亿美元，2014 年营收入接近 80 亿美元，全球超过 1/7 的人口都是其活跃用户。他和他的 Facebook 都成功了。

结束黑客生涯。扎克伯格一直参与公司的产品研发，直到公司规模很大的时候，他还是会坚持自己写代码。直到 2006 年，马克·扎克伯格 22 岁时，他放弃了编写电脑程序，转而专心经营自己迅速成长中的初创公司。他的黑客精神被大家津津乐道，但究竟什么是黑客精神，还值得商榷。许多人把黑客精神单纯理解为不按常理出牌，或者说采用非常手段达到目的，就像《社交网络》中说的那样。其实，黑客精神中有一种理想主义的气质，包含着对价值的追求，代表不断改进和创新的态度。不是单纯追求突破、有趣或者金钱，而是能够保持活力和创造力。“黑客们认为，没有一件事情是完美的，都要不断地改进和完善，所以他们对现状总是不是满意”。

黑客精神是要挑战不可能和颠覆性的行为。《黑客：计算机革命的英雄》就是一本全面介绍黑客文化的书籍，读过此书的人很受鼓舞，尤其是尝试改变世界的年轻人。在书中，黑客不是近些年在人们头脑中的偷窃行为，攻击网站，或者盗取资料，而是不断地挑战不可能。他们是最优秀的技术人才，走精英路线和追求自我超越才是目的和动力。

黑客们最在乎的是执行力。也许在其他公司创意被放在十分重要的位置上，但是黑客们是务实的技术人才，他们不屑于在理论上争个高下，而愿意在具体工作上测试彼此的实力。在 Facebook 的办公室里随处能够听到工程师们的口头禅，比如说，代码胜过雄辩。扎克伯格曾经详细说过他们的黑客之道：黑客文化是一种持续改进和衍变创新的做事方法。黑客们认为，优化无止境，产品无完美。当有人说无法再改动一丝一毫，或是满足于现状时，黑客们却当着别人的面，情不自禁地动手修改。在他们办公室的墙上写着“完成胜过完美”，督促工程师们和设计者们按时交活。他们绝对不能容忍夸夸其谈的人，他们在动手实现理想，并且不断完善。黑客理念从技术领域，也延伸到组织方式、管理方式和培训方式。每个组织并不缺乏伟大的战略，真正需要的是，把战略落实到位的执行力。毕竟再不景气仍有公司达到预定的运营目标，构想再伟大，也要有人将它实践出来，这一切靠的就是执行力。

CEO的三十六计。前文已强调过，扎克伯格从来不是一个书呆子，他能够从纷繁复杂的事件中迅速理出头绪，并作出反应，他在商场中也迅速学到了许多谋略，用以维护自己和公司的权益。

敌人的敌人就是朋友。扎克伯格虽然没有学过哲学和兵法，但却运用自如。他对对手一直保持警惕，在选择合作伙伴的时候，他秉承着敌人的敌人就是朋友的理念。当时，他意识到Google是他们现在乃至未来最大的竞争对手，因此在微软和Google都邀请它合作之时，它在等待两家进行不断地竞争，以达到鹬蚌相争，渔翁得利的目的。在谈判之后，微软CEO史蒂夫·鲍尔默决定给当时估值150亿美元的Facebook投资2.4亿美元。

绝对的控制权是每个创业者梦寐以求的，所有坚持到最后的创业者无一不牢牢抓住了公司的控制权。因融资问题，企业创始人的股份被稀释得过大，从而丧失了掌控权的例子比比皆是。这个控制权的把握不是一蹴而就的事情，要经过数次的权衡和斗争，扎克伯格是一位具有斗争经验和精神的领导者。真正做到了与天斗其乐无穷，与地斗其乐无穷，与人斗其乐无穷。Facebook即使在它们非常缺钱的情况下，对于融资也一直小心谨慎。在选择投资者时，扎克伯格更倾向于选择那些不太参与具体经营的充分放权的海外投资者。硅谷的风险投资商不是慈善家，他们大多附有苛刻的条件：董事会的席位，决策时的指手划脚，在 IPO 或者其他变现事件时抛售股份的优先权等等。对于这些扎克伯格统统不接受，因此他把眼光放在了海外。负责全球销售的 Facebook 前副总裁迈克·墨菲说："控制权对于马克至关重要，不是因为他要独裁式地治理公司，这更多的关乎信念，关乎他对公司的远景诉求。很少有人能真正明白这一点。"Facebook 在 2009 年 11 月确立了公司的股权结构为"双轨制"，把公司股票分为 A、B 两类。根据 Facebook 的 S-1 文件，B 类股票拥有 10 票投票权，而 A 类股票仅有一票。由于扎克伯格持有的股票全是 B 类股票，而且执行高管与员工还将投票权交给了他，这样一来，扎克伯格就占有了大多数投票权，保证了自己对公司的控制力。

管理者的第一步：有识人之才。一直以来，他感觉受益匪浅的是学到了如何管理团队以及如何鼓励员工。他说，"我们如今能够很好地判断出，对于不同类型的工作，哪类人更能够胜任。在我们从一个拥有 50 到 100 人左右的企业逐渐成长到如今这个规模的过程中，这方面的经验是我之前从来没有过的。"在此能力上他与前辈乔布斯如出一辙：一位曾与乔布斯共事将近 20 年的团队成员谈到乔布斯时说："随着他年龄的增长，乔布斯很清楚自己能做什么，不能做什么。他变得很擅长挖掘人才，把他们聚集到自己身边，这样既可以实践他的个人愿景还能抵消自身的不足。"

人尽其才，物尽其用。扎克伯格还谈及了他的管理风格。他认为自己在管理上相当灵活，"员工需要全力施展他们创造性和能力环境，否则他们不会对世界产生本应产生的影响，而且他们会去想做其他事情"。这也解释了为什么 Facebook 的员工忠诚度反而较其他公司更高。一流的工程师们、设计者们不仅因为一份高薪就为企业效忠，他们还想实现自我价值，在一个自由度较小的环境里，他们可能只是一颗螺丝钉，做着看起来并没有充分发挥自己才能的工作，但在扎克伯格的企业里，扎堆了最优秀的人才，他们不仅创新，还让创新观念变成事实，没有比这更激动人心的事情了。另外，扎克伯格让公司的人员结构扁平化，而非等级化。一个曾经为 Facebook 效力的中国工程师就说过他第一次来到 Facebook 的情景：他和另外几名新人第一天就和扎克伯格见了面，并且扎克伯格真诚地邀请他们提问，在后来的日子里，随着工程师的成长，公司对他越来越委以重任，他不仅是个单打独斗的黑客，更是一个团队的领导者。工程师们说，如果你是一流的人才，Facebook 绝对不会埋没你的才能，还会让你迅速成长，变成技术管理人才。扎克伯格重视与员工的沟通和交流，他每天都留出时间和员工交谈，也会亲自在实际工作中跟员工就细节问题交流想法。这种打破组织层级，创业领袖与员工之间面对面的沟通，使 Facebook 的管理更有效、信息更畅通、工作效率更高。Facebook 在创业期的管理沟通值得更多的创业企业予以借鉴。

第三节　挑战行业巨头

我们稍微翻一翻 2011 年前后的财经新闻就能看到许多题目，类似于 Facebook 和 Google 之争，脸谱大战谷歌等。在行业里，大家一直将两家企业看做竞争对手。如果他们之间有什么动作，都会被解读为挑战或者斗争。

扎克伯格初次和谷歌的 CEO 佩奇见面时就险些酿成一些不愉快。那是 2009 年，扎克伯格在现实社交中还处于愣头青的阶段，他咄咄逼人，并且不能娴熟地运用社交技巧。他和佩奇恰好坐在一排，于是他开门见山地询问佩奇“你在用我们 Facebook 吗”？老成持重的佩奇不感兴趣地回答没用过。扎克伯格不甘心地追问:“为什么不用呢？我们的产品用户很多的啊。”佩奇也很直接地回绝:“我对这个产品一点都不感兴趣。”两个个性十足的创始人在初次见面就碰撞出了令人尴尬的火花。还是成熟的桑德伯格赶紧示意扎克伯格不要再继续这场似乎是赌气的谈话了。不论行业老大 Google 再怎么对 Facebook 这样的后起之秀不屑，还是不能忽视后者的强劲成长，终于在 2011 年，Facebook 超越了 Google 的日访问量。这个结果多少令行业老大有些难堪。

谷歌创始人拉里·佩奇比 Facebook 扎克伯格大 11 岁，他们对行业有着不同的认识。佩奇认为，搜索主导一切。用户会搜索新闻或商品，并关注自己的爱好。如果用户希望购买一件家用电器，比如洗衣机，那么他们将会搜索。谷歌根据独特的算法，能给出用户满意的搜索结果。谷歌在这一领域已经发展了十几年。他们在技术方面非常擅长。

然而，随着互联网技术的发展，扎克伯格的理念正在逐渐主导世界。在扎克伯格的理念中，用户并不进行搜索，而是等待好友告诉你哪些内容值得阅读。好友将会分享他们喜爱的影视剧、品牌和食品。Facebook 已经成为这一新世界的中心，而用户大部分的互联网活动都从 Facebook 开始。Facebook 已经将触角延伸至整个互联网，允许其他网站利用用户的社交图谱。因此，数千家网站和应用已成为围绕 Facebook 的“卫星”。目前，用户可以前往 Yelp 查看 Facebook 好友对新的饰品店的评价，访问 Spotify 了解好友喜爱的歌曲，或是与好友一同玩 Zynga 的游戏。

Google 作为行业老大对新兴的互联网产品一直保持着足够的兴趣。早在 2007 年，Facebook 还名不见经传的时候就已经对社交网站开始动作。Google 启动了一项名为“开放社交”的秘密计划，其战略目标是将所有社交网站集合到同一平台，以此掌握社交网站的入口。Google 曾要求 Facebook 加入这一平台，但被一口回绝，此后这项计划便没了下文。Google 为了对抗 Facebook

而推出的重磅产品 Google+在一开始就打出了替用户更好地保护隐私的旗号，这显然是对 Facebook 宣战。Google+不只是一个产品，也不是一种战略方案，而是一个扩展后的 Google。为了占领市场，它在功能上面煞费苦心。

第一，Google+的中心是朋友和熟人的“圈子（Circles）”，用户可以按不同的圈子组织联系人，如家庭成员、同事、大学同学等，他们在小圈子里分享个人信息：比如视频、图片等。此功能方便了用户管理自己的朋友圈子，分成不同的圈子，发送相应的信息，让用户的隐私更有保证，也更有自主性。Facebook 和 Twitter 也提供类似圈子的功能，但它们的功能有点混乱。用户可以阻止 Facebook 上某个群组的更新，但真的要实现却很费时间。对于 Twitter 来说，用户要么将自己的个人资料完全公开，要么就完全私密，除此之外就没有其他的选择。对于希望操作简单的用户来讲，后两者显然挑战了用户的耐心。

第二，视频群聊天的功能。这个功能扩展了社交网站，运用了先进的声像技术。功能的强大之处是它可以让用户最多同时和 25 个人进行免费视频聊天。当用户聊天时，每个交谈对象都会出现在小盒子中，说话的人则会出现在顶部的大窗口中。开个实时会议都不成问题。Facebook 在视频聊天方面也不甘人后，它和 Skype 合作，将视频聊天引入 Facebook，但它只支持一对一的聊天，没有群聊功能。扎克伯格还暗示大家，Facebook 网站上的视频聊天还会有更多的功能，但现在 Google+还是视频聊天做得最好的网站。Twitter 在视频聊天方面暂时还没有任何突破。

第三，Google+很好地开拓了移动终端上的功能。Google+目前已经发布了 Android 和 iOS 应用，两边的应用都对移动人群进行了极好的支持。除了查看更新和观赏视频等基本功能之外，移动应用还具备名叫 Huddle 的群组聊天功能。和 Facebook 和 Twitter 的应用不同，Google+的移动应用允许用户同时和多位朋友聊天，大家可以一起制定计划或消磨时间。虽然 Twitter 的移动存在也非常优秀，但其网络核心功能的限制阻碍了它在移动设备上的表现。Facebook 的移动应用拿来查看更新和发送信息还是不错的，但真的要赶上 Google+的应用，还需要进行彻底的更新。

第四，Google 还向用户提供数据下载的服务，这个服务在主流社交网络中，Google+是第一家。谷歌全新的 Takeout 服务允许用户从谷歌服务器上下载自己保存的数据。例如：用户想在明天退出 Google+，它可以在销户前方便的下载自己的状态更新信息。Facebook 和 Twitter 在此领域的探索起步太晚了。

第五，兴趣话题的分享：兴趣话题是 Google+中未被充分使用的功能之一。这项功能让用户按照兴趣话题或爱好，找出自己喜欢的视频或文章等内容。这个功能和国内的微信朋友圈的分享功能类似，用户在其他网页上看到什么好东西，就点击分享发送给单个的朋友或者整个朋友圈。每块内容的底部都会有一个分享按钮，用户可以很方便地将内容分享给圈子里的好友。它预设的兴趣有骑行、时尚、食谱、跑车、Android 和机器人等话题。但在页面的最顶部它也提供了搜索栏，用户可以搜寻自己感兴趣的话题。在 Facebook 和 Twitter 上查找和共享内容都不太方便。这两家相互竞争的社交网络总是让用户在其他人的信息流中查找内容，或是从网站以外寻找新的东西分享给好友。尽管进入社交网站领域的时间有点晚，这个市场已经有些饱和，但是 Google 还是凭借过硬的技术和创新赢得了一定的市场，分到了一杯羹。

Facebook 在搜索引擎领域也积极探索。Facebook 的副总裁曾经说，他们的引擎与 Google 和 Twitter 的搜索引擎并无重叠。他说："当你希望了解要吃什么，买什么鞋子，或是应该投票给什么人时，你不必去问大量陌生人。网络可以告诉你这一切。"业内人士认为，Facebook 近期收购 Friend Feed 意味着

Facebook 希望将搜索范围突破自身网站的限制”。Facebook 的引擎可以搜索到用户说的话题，搜索结果可能与每个人相关。在最开始，Facebook 的搜索开发团队很小，只有 24 人，由 Google 前工程师 Lars Rasmussen 领导。2012 年 2 月，Facebook 整站搜索量（目前 Facebook 使用 Bing 作为其默认搜索引擎）为 3.36 亿次，Google 高达 176.28 亿次，二者相差两个数量。搜索领域的巨额广告收益让 Facebook 也很动心。Facebook 在 2013 年 1 月推出自己的站内搜索引擎，可以搜索短语，比如，可以提问：哪个国家的樱花最好看？Facebook 更新了人们的社交理念，也在潜移默化地改变搜索市场，也就挑战了 Google 的安身立命的根本。对比 Google 大海捞针式的搜索任务，用户早已厌烦了罗列出来的众多无用信息。Facebook 本身就是一座富矿，一座巨大的信息库。

Google 强力支持 Myspace，从 2007–2010 年，谷歌每年向 Myspace 支付 3 亿美元，共计 9 亿美元，成为搜索服务和文本广告独家提供商，但 Myspace 最终被时代淘汰，在 2011 年被新闻集团以 3500 万美元的价格出售。Facebook 和微软的合作越来越擦出火花，微软通过对 Facebook 的注资和全球网络广告独家代理也获益颇丰。

扎克伯格在发展壮大期从 Google 大量挖取人才。本来作为行业老大 Google 在硅谷是众多工程师和设计、管理人才的大本营，他们拥有丰厚的薪水和福利待遇，但是 Facebook 打破了这一格局。保守估计在 2010 年前后，有数百人从 Google 跳槽到 Facebook。《纽约时报》的一份统计表明，约有 200 名 Facebook 员工曾任职于 Google，这大约是它当时员工总数的 1/10。有很多人才是抱着理想主义的情怀前往投奔扎克伯格，他的公司充满活力，拥有一流的人才，总裁本人也是一个热爱创新和实践的年轻人，众多为了实现个人理想和价值的年轻人纷纷改弦更张。就连大名鼎鼎的桑德伯格也经不住扎克伯格的死缠烂打，推掉炙手可热的高层位置，转战 Facebook。

Facebook 足够强大的内核是基于对新时期人际关系的深入分析和把握，他们是独一无二的社交网络，最终超过了 Myspace 在 Google 之外开辟了自己的互联网世界，用独特的方式链接世界。比较用户在两个网站上的停留时间，就能看到两者之间谁更有发展潜力和空间。

第四节　不忘初心，改变世界

根据 2014 年 7 月社交媒体策略师 Vincenzo Cosenza 更新“全球社交网络地图”显示，目前在全球 137 个国家和地区中，Facebook 已在 130 个国家和地区处于领先地位。《时代》杂志毫不吝惜溢美之词，称其为“第三大国的国王”。

不忘初心，改变世界。扎克伯格在他的公开信中说，Facebook 的创建目的并非成为一家公司。它的诞生，是为了践行一种社会使命：让世界更加开放，更加紧密相连。人们之间的关系正在因科技而被重新定义。

扎克伯格希望通过 Facebook 巩固人与人之间的关系。2011 年的一项研究显示，与普遍观念不同的是，Facebook 等社交媒体网站非但不会削弱人际关系，反而能够以独特的方式增强各年龄段的人际关系。Facebook 不会取代好友、家人和同事间的面对面交流。它给人们提供了新颖的关心和交往方式。以前的朋友之间，家人之间的社交，以举行聚会和面对面聊天为主。现在他们各个年龄段的人在上面有不同的关注点，可以通过分享自己认为好的信息而加强联系，或者打字聊天、视频聊天，家人和朋友之间只要愿意可以随时随地产生联系。并且，拉近了人与人之间的距离。以前，即使是朋友和家人之间也未必很了解对方，但是通过社交网站对个人的全方位展示，人与人之间的了解更加深层了，沟通成本也大大降低了，只需拿出电脑或者手机就能解决很多问题。用户说，“Facebook 将我们所有的网络和社交场景都整合到一起。我们以不同的方式展示着自己，无论是对好友、对同事还是对家人”。2012 年，扎克伯格说，“截至目前，我们已经帮助逾 8 亿人建立了超过 1000 亿个联系；我们的目标是推动这种重塑进程加速向前”。Facebook 也使世界变得更小。人们常常震惊于自己与认识的人之间的关系，比如你想破脑袋也想不到两个毫无交集的人居然是好友，但是互联网就是让它成为可能，一个人最多经过六个人就能够认识地球上任意一个人，太奇妙了。Facebook 拥有网络上最大的记忆库，Facebook 称，其用户每天平均上载 3 亿张照片，其服务器存储了 1000 多亿张照片。这还不包括第三方应用存储的照片，如最近收购的 Instagram。把 Facebook 庞大的照片库与新的 Timeline 功能结合在一起，Facebook 已成为全球最大的在线纪念册。现在，Facebook 是我们的家庭和朋友的活生生的家谱，而且可能成为人们找到远亲的链接的地方。

扎克伯格希望改变人们与企业和经济体系之间的联系。Facebook 希望双方达到双赢的结果。买方能够通过朋友圈推荐找到最适合自己的品质优良的产品，商家能够通过得到关于消费者的一手信息来改善产品，提高产品质量。Facebook 着力让两者之间的信息越来越透明，两者有了互动和联系，而不是买家单方接受商品，卖家一厢情愿提供他们认为很好的商品。企业要利用 Facebook 与其客户建立对话。某些公司，如通用汽车，仍然认为利用 Face-book 与客户建立社交关系是有价值的。企业越来越明白互联网时代不再是以物美价廉和促销作为增长销售量的唯一途径，而是要以人为本，提供个性化的定制化的服务才是最重要的。比如音乐、视频、应用软件等，商家更要重视用户的反馈和用户的意见。网络时代，信息传播手段的变化和顾客行为的变化，改变了原有的企业与顾客之间的关系，也改变了企业间竞争的战略和方法，以生产为中心的市场战略逐渐被以客户为中心的战略所取代。这意味着对客户关系的管理被提升到企业核心经营理念的层面。谁能掌握客户的需求趋势，加强与客户的关系，有效发掘和管理客户资源，谁就能获得市场竞争优势。建立、开发和维系客户资源就成为了现代商战中的一种重要的竞争手段和创收能力。

扎克伯格希望改变人们与政府之间的关系。自媒体时代，个人有了更多的机会和途径表达自己的愿望和意见，每个人都有可能成为信息源，政府的官方声音相对减弱。政府和个人之间的关系越来越趋于平等。政府行为也逐渐越来越透明，官员也更加富有责任感。Facebook 与政府之间也有合作。美国执法部门到目前为止是要求提供用户个人信息最多的机构，在 2013 年 1 月–6 月期间，共要求 Facebook 提供 2 万–2.1 万名用户的个人资料。而根据公司此前数据显示，在 2012 年 6 月–12 月期间，美国各机构要求提供 1.8 万–1.9 万名用户信息。作为世界人口“第三大国”，Facebook 的声音不容各国政府小看。在许多大事件中，Facebook 都扮演了积极的催化角色。在网络上，人们可以和与自己拥有相同政治愿望的人联合起来，形成一股力量，对政府行为或者立法产生积极的影响。各国政客也成了 Facebook 的常客，他们已经无法无视这股欣欣向荣的力量。政客们在 Facebook 上开设个人公众页，公开自己的政治主张，热心回答网民的留言，通过社交网络拉选票。公民与政治家之间的距离也被拉近了，不再是电视上西装革履高高在上的政治人物，而是跟自己的朋友一样能够对话和交流的人。扎克伯格认为：随着时间的推移，各国政府将更加积极地应对全体民众直接表达的问题和关切，而不是通过部分精英控制的中间机构听取民声民意。

一个公司之所以能够成为伟大的公司，是因为它对人类所做的贡献，在某种程度上推动了人类整体的进步，不只是为了赚更多的钱，占领更大的市场。Google 被认为是伟大的公司，是因为它的理念和传统一直在坚持。Facebook 在未来也会变成一家伟大的公司，它有改变世界的愿望和战略，既有理想主义的情怀，也有务实肯干的精神。Facebook 的公司文化员工很认可，他们更重视内部建设，比如对员工的尊重和福利的丰厚。

走近 Facebook，它就像其他大多数硅谷互联网公司一样，没有高楼大厦，很低调，没有任何高大上和假大空的感觉。它拥有几十栋楼房，每栋却只有三层高。办公室里面也不是窗明几净一尘不染的即视感，它更加重视舒适度和个性化。参观完 Facebook 的人都有这样一种感觉：这样一个“巨头”公司却是如此简单、平和和开放，但又很酷，给人一种奇幻的感觉。伟大的公司不在乎有多少高楼大厦或者现代化的豪华园区，更重要的是从内到外的文化和气质，以及它对员工的态度。

第十二章

Facebook 的工作细节

——工程师文化

外界一直很好奇 Facebook 内部是怎么运作的，那里的工程师怎么工作，他们的工作环境是怎样的？员工们到底是彻头彻尾的工作狂、天才，还是按部就班的公司螺丝钉？确实，Facebook 拥有全世界一流的 IT 人才，他们敬业、努力又富有创造力。Facebook 内部管理十分高效准确，他们有一系列的激励机制，给予工程师们无与伦比的地位和工作自由度，工程师拥有绝对的优势地位，毕竟人才才是企业竞争的核心价值。但同时工程师们面临强大的工作压力，逆水行舟不进则退，一旦发现不适合，就可能卷铺盖走人。他们的良性内部机制让同事之间、上下级之间能够沟通顺畅，能有效发挥每个人的特长。Facebook 里没有冗长的会议，他们的会议都很短，说明问题即可。扎克伯格在管理上也充分发扬了民主精神，他注重向每一个咨询他的人反馈信息。Facebook 模式很难被复制，别人很难拥有他们的人才储备，也很难拥有一个像扎克伯格一样既民主又专制的领袖。

第一节　Facebook 靠什么激励人

新颖的多方评价机制。在 Facebook，定期的业绩评价每年进行两次，年中和年底各一次。这种方式被硅谷很多公司采用。测评结果直接关系到员工的酬劳和福利，年底的测评牵涉到分红。当然，这种测评也会决定人员的去留。

业绩测评由三个部分组成：自我评价、同事评价和老板评价。测评不再是单一的标准和口径。三者结合起来可以增加公平性，公允地评价每一位员工的成绩。自我评价也要尽量客观，不给自己的成绩添油加醋，主要是自己在这段时间内做了什么？达成了什么目标？以后还有什么目标和方法。同事评价的原因是工程师之间协作工作的机会较多，团队中他人的评价相当重要。同事评价是要求员工自己选择几个同事，经历选取几个同事，一共大概五六个人对这个人进行评价。人数比较多，所以不存在对头陷害之类的狗血剧。并且，同事之间的评价有利于提出建设性的意见，所谓当局者迷，个人有时候很难发现自己身上还有什么问题，但在朝夕相处的同事眼中存在的问题就一清二楚了。同事间相互映照，更能发现彼此的优点和缺点。

最重要的还是来自于老板的评价。老板的评价也会积极参考自己的评价和同事的评价，给予最后的评价等级，共有七级。等级分的很细致：最底层的一级是 Doesn't Meet，完全没有满足期望；上一级是 Barely Meets Expectation，部分满足了期望；再上一级是 Meets Most Expectation，基本满足了期望；接下来是 Meets Expectation，满足了期望；更好的是 Exceeds Expectation，超越了期望；然后是 Greatly Exceeds Expectation，大幅超越了期望；最优秀的是 "Redefine Expectation，重新定义了期望。评级之后可能会有晋升的机会，连续两次获得超过期望的等级才有望升职。不同的小团队之间还会纠正偏差，不同的团队有不同的标准，有的团队评价标准过高，有的过低，这样不利于公平，把好几个团队放在一起对照评价，会比较公允。评级是涉及整个公司的事情，不单是管理层或者人力资源部门的事情，所以评级过程要充分民主，以防止挫伤员工的积极性和创造力。开讨论会是很必须的民主行为，假如一位员工正埋头干活，却突然接到关于自己的评级：没有满足期望。对他而言，是多么重大的打击。他甚至都不太清楚自己哪里做的特别不足。讨论会就是给大家打预防针。让所有人充分参与到对自己和他人的评价当中去，提前了解到自己的评级是怎么来的，他也可以就自己的评级或者他人的评级提出自己的看法和意见，必要时候可以不同意。团队讨论会会头半段把所有的员工都讨论一遍，后半段是重点讨论做得最好的那些人和做的最不尽如人意的那些人。让等级高者和等级低者都能心服口服，在以后更加努力地往前冲。老板会对员工提出下一阶段（半年时间）的几点期许，期许也不能说太多，太多的话会让员工失去重点、手足无措。评级的结果也不会特别让人大跌眼镜，毕竟稳定的公司环境和员工心理才是高效工作的保障之一。一般的等级会集中在基本满足了期望、满足了期望和超越了期望这几级。其他过于好或者过于低的评价都比较少见。他们是一群聪明人，很快就知道自己应该怎么做。

薪酬跟评级挂钩。除了“升职”这件事之外，每次评级完成之后，每个员工最关心的是对薪酬水平的影响。对此，公司人力资源部门会有一套公开公式，自动计算出每个员工的工资涨幅、奖金比例或者可获得的股票数量。早期员工不仅有薪酬奖励，还有数量很大的股票奖励，所以也不难理解 Facebook 上市以后，本公司内部就产生了数目众多的千万富翁、百万富翁。

不竭的动力——公司内部持续的反馈。上面所说的半年一次或者一年一次的评级活动时间周期过于长，可能错过重要的内容反馈。所以技术出身的经理就成了中间积极的媒介。反馈可以一个季度组织一次，反馈内容包括：员工自我评价和员工对亲密战友的评价。评价很简单，让经理能很快抓住要领。学习管理的人一定知道，反馈越积极和及时就越有效。有的员工本阶段可能有非常重要的反馈内容，如果等了很长时间，这个问题就错过去了，他本人在解决了问题之后也将逐渐淡忘。

Facebook 有个叫王淮的项目经理就对扎克伯格的及时反馈影响很深，王经理主持过一个扎克伯格参加的会议。会后，扎克伯格要求占用他一分钟的时间说一个事情，他告诉王经理：如果在你支持的会议上，有人把话题扯得太远的话，你要及时拉回来。因为建议很及时也很简洁，所以王经理记忆十分深刻。

反馈也是一项技术活儿，如果你当面毫不留情面地指出对方的错处，对方可能产生逆反心理。但是过于委婉有可能无关痛痒，让听者印象不深、不太明确。让对方愉快地自愿接受有效明确的反馈意见是一种艺术，需要管理者不断探索。

1. 要给反馈对象留有充分的解释机会。即使反馈对象犯了错误，或者工作存在很大的问题，也要充分尊重对方，要让对方先说完想说的话。循循善诱，叫反馈对象真正认识到自己的问题所在，从内心想要改进自己的工作方式。自己意识到的错误，比别人直接告知的错误，接受起来要快得多了。此外，还提高了反馈对象的积极性，他们感到自己被重视、被聆听，这样还可激发他们的创造力和活力。那么更多解决问题的方法就会源源不断，每位聪明的员工都是一座富矿等待被开发。

2. 意见反馈要具体。不要瞎子摸象，或者太空太大，要具体有可操作性。要与反馈对象充分沟通，毕竟做具体工作的人对工作方法更有感悟。项目经理一定要充分了解所有成员的工作，并精通技术问题。一条条一项项地给出工作方案或者具体解决办法才是项目经理的职责所在。

3. 反馈好消息也十分有必要。大多数人的印象里，只有出问题了才需要反馈。其实并非如此，如果有团队成员做得非常好，或者进步十分快，那么团队领导的表扬也是一种反馈，能够产生很大的激励效果。如果员工的工作一直得不到反馈，他们就会在心理上产生疑虑：是不是我做错了。或者觉得自己不够受重视而消极怠工。

在 Facebook 里面，工程师和管理者之间没有太大的薪酬和地位差别。所以，做一位受人尊敬的顶级工程师和做管理层具有同样的激励效果。Facebook

在福利薪酬方面是硅谷各个公司里比较高的，优厚的条件吸引了很多人从其他公司跳槽过来。

第二节 Facebook 的 SMART 原则

任何一家公司，绘制一个愿景之后，就是目标的实现。Facebook 选择了通用的 SMART 原则。SMART 原则是目标管理原则。目标管理是使管理者的工作由被动变为主动的一个很好的管理手段，实施目标管理不仅是为了有利于员工更加明确高效地工作，更是为了管理者将来对员工实施绩效考核提供了考核目标和考核标准，使考核更加科学化、规范化，更能保证考核的公正、公开与公平。

S——Specific，强调目标必须具体。如果扎克伯格只是要求“提高用户满意度”，这个目标指令就不是具体的指令。用户的满意怎么确定，用户满意的指标有哪些？这些指标要达到什么要求？这都是未知的，那么这个目标就不是一个具体可执行的目标，它只能算作是美好的愿景。如果能够把用户的满意度量化，就有了可执行性。比如可以把用户满意度定义为投诉率的降低。每周投诉率是具体可以算出来的：支付用户周投诉率可定义成每周联系 Facebook 投诉某次支付行为的用户一每周所有有过支付行为的用户。如果周投诉率降低了，那么就可以说是这周的用户满意度提高了。

M——Measurable，强调绩效指标必须是可以衡量的。衡量性就是指目标应该是明确的，而不是模糊的。应该有一组明确的数据，作为衡量是否达成目标的依据。如果制定的目标没有办法衡量，就无法判断这个目标是否实现。比如领导有一天问“这个目标离实现大概有多远”？团队成员的回答是“我们早实现了”。这就是领导和下属对团队目标所产生的一种分歧。原因就在于没有给他一个定量的可以衡量的分析数据。每个人或者每个工作团队，乃至整个公司都能对自己的工作进度进行衡量：你的工作到底处于什么阶段。要让整个项目有可控性，既保证了自己的工作效率，又满足了整个团队和公司的工作进程。比如有两个目标：一个是坚决在短期内提高员工工作效率；一个是在半年内将公司的销售额提高 30%。前一个目标就是不可衡量的：短期是多长时间？工作效率要提高到什么水准？后一个目标就具体多了，时间限制和提高的额度都可以具体量化。

A——Attainable，强调绩效指标必须是可以达到的。目标的远大和富有挑战性看着确实诱人，但是目标的最大价值在于实现。目标定得过高或者过低都不适合长期的战略发展。实施要求是目标设置要坚持员工参与、上下左右沟通，使拟定的工作目标在组织及个人之间达成一致。既要使工作内容饱满，也要具有可达性。这个目标是员工踮踮脚尖可以达到的，而不是搭着梯子都难以企及的。譬如考试，如果是学生尽其所学都不能考得好成绩的试卷类型，恐怕从学生到老师心里都有挫败感；相反，如果是学生不费吹灰之力就能取得好成绩的，学生不会感到满足感，没有那么强的成就感。考试的设计应该是难易程度中偏上，让学生通过努力学习和认真答题能够取得较满意的成绩，他们也能从考试中获得提升。所以，目标不但要可以达到，而且要具有一定的挑战性，如果长期做没有挑战性的工作，好比是温水煮青蛙，很快员工就会失去斗志。扎克伯格深知这一方法的运用，Facebook 的员工对其企业的满意度是硅谷最高的，不仅是因为好福利，还是因为具有一定挑战性的工作也是他们自我实现的必要方法。

R——Relevant，强调绩效指标是要与其他一系列目标具有一定的相关性。

目标的相关性是指实现此目标与其他目标的关联情况。如果实现了这个目标，但与其他的目标完全不相关，或者相关度很低，那么即便达到了这个目标，意义也不是很大。因为工作目标的设定，是要和岗位职责相关联的。比如你让一个工程师去学习新的程序语言就是与他的工作整体目标相一致的，如果你让这个工程师去学习一门与工作无关的语言或者其他，即使对工程师是一个提升，但是也无关宏旨。

T——Time-bound 强调绩效指标必须具有明确的截止期限。目标设置要具有时间限制，根据工作任务的权重、事情的轻重缓急，拟定出完成目标项目的时间要求，定期检查项目的完成进度，及时掌握项目进展的变化情况，以方便对下属进行及时的工作指导，以及根据工作计划的异常情况变化及时地调整工作计划。目标的时效很重要，关乎全局，在约定的时间内完成有挑战性的具体工作是对一流人才的挑战。

目标就是整个公司或者团队的焦点。目标管理最早发源于美国，是第二次世界大战后的产物，后迅速在西欧和日本广泛应用。它的基础是以人为本，创造一个公平、公正、民主的管理环境，充分调动员工的积极性，最终达到既定效果。

宏观目标很好确认，比如企业的宏观目标就是要增长营业额和市场份额。但是具体用什么方法去达成这个宏观目标就需要大费脑子。那么，这些想法从何而来呢？最自然的方式就是之前延续下来的、大家明确知道要做的项目，而那些不明确的想法，才是难点。在发展非常快的公司里，绝对不会缺少这种不明确的想法。在 Facebook，一般是由技术经理、产品经理、工程师贡献大量的想法。

收集了想法后是“头脑风暴”，Facebook 的特色方式。“头脑风暴”最早是精神病理学上的用语，是针对精神病患者的精神错乱状态而言的，现在转而为无限制的自由联想和讨论，其目的在于产生新观念或激发创新设想。提出想法的员工不必担心种种限制，要毫无顾忌地针对目标畅所欲言，不给自己或者别人预先设定很多条条框框。这种天马行空有可能带来意想不到的方法。

Facebook 的做法是招聘一流的工程师，这些工程师不仅有一流的技术手段，还能从一堆办法中选出最优的一个来。有了想法之后就是筛选想法。因为公司的资源不是无限的，要用公司有限的资源来达成目标，所以在想法上要筛选出具有可操作性的。最后剩下数个想法，并且编号。关于时间分配，还有一个“6-2-2”原则，Facebook 的很多组都尽可能地遵循这个指导原则：60%左右的时间放在那些能够预期的工作上；20%的时间花在后台、架构和产品质量上；20%的时间花在比较有风险、有争议的、可能会带来某种颠覆性后果的那些想法上。60%可以理解为保本经营，就是公司必须做这些事情才能维持正常的运转，是最基础的行为。而 20%花在质量保证上，是发展性的战略眼光，为了企业的长期发展，而非眼前利益。最后的 20%最有争议性，是企业保持活力和创造力，迎接挑战的保障。Facebook 随着规模的增长，对质量的要求也越来越高：Facebook 原来经常提倡的“求快，可以出错”（Move Fast and Break Things）”变成了现在的“求快”（Move Fast）。60%必须保证，没有这 60%，公司可能就没有稳定性。中间这 20%的质量的重要性是随着企业的价值增加而不断增加的。最后的 20%保证企业始终保持对市场的敏感。很多以前红极一时的公司都败在了固步自封上面。创新一般伴随着高风险。

中国为什么出不了 Facebook 和微软这样的大企业，许多人都在思考。大家都认同一个原因：把眼光放在了赚钱上，不鼓励创新和挑战。硅谷活力的保证就是一些年轻的创业公司始终把眼光放在有挑战性的想法上，这些想法可能在一开始受到大家的质疑，但随着时间的推移，大家会慢慢接受它，了解到它的超前性。

因为想法具有灵活性，所以 Facebook 的计划周期都比较短，季度计划算是最长的计划了，互联网科技公司的三个月时间是非常长的周期了，中间存在的变数太大。季度计划算是一个参考性的计划，不必要非要执行到位。月计划就比较完善和具体，月计划是全局观和实际情况较好地进行结合的一个平衡。

每个团队领取任务的时候，都会超量一点点，争取达到 120%，超越性完成目标任务。白板的传统被扎克伯格带到了 Facebook 内部，许多工程师和设计者都会在座位附近的白板上写出自己的计划，让自己对任务有个直观的把握。

第三节　无缝衔接的任务清单

一个计划或者任务不是孤立存在的，因为公司的各个部门之间是有衔接的，还是互相渗透的。如果衔接不好，几个团队乃至整个公司的任务完成都会受到影响。拿到任务之后，Facebook 内部的相关团队之间就会对接，不同职能之间的同事也会对接。

兄弟团队之间经常会有框架上的共享，任务搞清楚之后，就要关照相互之间是否有可以匹配的项目，如果相互之间需要配合，那么计划之间的渗透是必不可少的。有些任务的责任界限是很模糊的，两个团队只有无缝衔接才能摆脱推诿扯皮。团队之间的沟通还会厘清各自的位置和角色，对自己手头的任务有一个宏观的把握，在完成自己任务的同时，也不耽误别人的工作。沟通还要尽早，不要等到大事不妙才匆匆忙忙找别的团队配合，各个团队都有自己的工作进度，因此如果不早沟通，就有可能既耽误自己同时又给别人出了难题。

一类是不同职能之间的沟通，包括工程师、产品经理、设计师，还有与你的项目相关的上下游团队或部门。比如支付反欺诈和工具组经常要跟运营团队、法务部门、财务部门等沟通。

计划不是一蹴而就的，也不是一成不变的，需要反复地确认和磨合，还要虚心听取相关人员的意见，最后形成有操作性的任务和计划。

一个计划不是闭门造车，而是要让所有关心这个计划的人都知道。跨越团队和工作职能的沟通完成后，会举办一个由产品经理和工程师参加的小会议，最终确定计划，这种会议很短，不会超过半小时。计划将形成书面材料，被项目经理发送给所有相关人员，大概 100 多人。

Facebook 产品设计一般都是四个维度缺一不可：产品有哪些功能、产品的完成时限、产品的完成质量、整个项目需要多少钱。四个维度之间会有拉锯战。如果不能四个维度同时满足，就要抓大放小，牺牲其中一项。做过项目的人都知道，一个产品不可能按照最理想的状态产生，要受若干因素的影响。为什么苹果会不断推出新产品，就是产品有不断完善的空间，没有一项产品是可以一劳永逸的。所以不同的版本就源源不断地推入市场，除非是产品第一次投放就吃了闭门羹。在产品的版本上，项目经理也要有严格的控制，第一版本需要做到什么地步：可以承载量，完成时间，需要的金钱。随后的几个版本也要考虑清楚，项目要有连续性，第一个版本市场反应良好的情况，适时上马第二个项目。比如，Facebook 的聊天软件早期很简陋，慢慢地增加了图片传输功能，视频功能和语音功能。这也是版本更新换代的结果。四个维度是相互矛盾的要素，在很多时候不能共融。比如在赶时间的情况下，质量就可能没有保障。在一定的预算内，可能要牺牲一些产品的功能。要抓住主要矛盾，把主要矛盾放在第一位。

Facebook 的项目团队还采用一种叫作产品预览的方法：先搞出产品的原型，然后不断讨论完善。这在早期，规模不是太大的时候是很好的方法，一般不会出什么问题。但是，后来慢慢大家考虑到四个维度的问题，意识到边想边做的方式很可能会在推出第二版、第三版产品的时候捉襟见肘，突然间增大了工作量，原有的团队无法完成，拆东墙补西墙。虽然在 Facebook 内部并不缺乏一流的工程师，但是这种毫无预见性的挑战也影响了公司产品的稳定性。个人英雄主义只是创业初期的现象，扎克伯格在创业初也体现了个人英雄主义，只是随着公司的规模扩大，协作显得越来越重要。项目经理、工程师、设计师三方在一起讨论所开发的产品究竟需要解决什么样的关键问题，围绕这个问题，设计最重要的功能。然后，设计师会给出样稿，包含每一个页面或者步骤应该是什么样的，大家对这个样稿进行大量讨论。最后磨合出一个不错的，然后才让工程师实现。这样就节省了很多时间，同时也节约了成本。产品被做出来之后，是预览讨论会，邀请所有感兴趣的同事来参加，设计者、工程师和项目经理会跟大家讲解产品的优势和未来的发展，让与会者可以站在任何角度提问题和意见。

预览讨论会之后是专门的产品的技术会议。技术层面的东西，项目经理较少理解，所以他们一般不参加。技术会议是工程师和相关专家参加的会议。邀请的人员一定要经过慎重考虑，隔行如隔山，对产品的相关度最高的那些专家和工程师才会被邀请，不然又会陷入到没有效率的漫无边际的讨论当中去。其实，在产品开发的最后阶段所有这个项目的工程师都因为大脑高度紧张，已经无法判断出产品系统的大漏洞或者大缺陷。就比如说，一本书的编辑在书籍即将要被送印之前因为大脑的疲劳，已经很难再发现其中的大小错误，所以他们需要其他编辑来再过一次。

Facebook 不愿意重复开发已有的系统：有好的开源系统，就用开源的；有好的商用产品，就购买商用的；必须自己开发的或者跟 Facebook 核心竞争力息息相关的，则集中力量开发一套。

现在的 Facebook 不崇尚个人英雄主义。能够靠一个人单打独斗的时代已经过去了，尤其是大公司的主打产品都是团队互相协作的结晶。一个人的能力再强大，也需要别人的密切配合。Facebook 内部鼓励员工运用整个公司的力量，积极主动地获得别人的帮助，跟别人的工作产生链接，不仅要求别人配合自己，还要求自己积极主动去配合别人。所以，Facebook 所有的产品都是集体智慧的结晶，不能归为某一个人的功劳。每个小组的工作几乎都与别的小组的工作相互渗透，可能自己并不擅长的东西却是别的小组的强项。要求别人进行合作还要讲究方式方法，毕竟人家手头的工作最重要了。这时候，项目经理要发挥积极的协调作用：通过和提供帮助的团队积极沟通，和鼓励引导对方来配合自己，这确实是一门艺术。有的项目经理会循循善诱，或者同其他工作密切的同事建立私人联系，通过对工作挑战性的描述让其乐于为自己工作。

第四节　工程师眼中的“产品学”

在 Facebook，每个产品经理都将与 7–10 位工程师协同合作，从而对公司产品进行维护。工程师是产品的父母，他们参与到制作的每一个环节。所有的工程师都必须经过 4–6 周的专业培训，这种培训被内部人员称为 Boot Camp。在培训过程中，工程师们必须学习 Facebook 的解决 Bug 之道，并听取一系列高级员工的讲座。最终合格的工程师只占 10%。因为 Facebook 盛行的工程师文化，所以工程师们的权限很大，通过培训的工程师将获得 Facebook 数据库的权限，对数据库进行适当的检查和修改。以防万一，公司也制定了一系列安全措施防止工程师私自滥用用户数据。

和 Google 一样，工程师的权力可以凌驾于他人之上，在 Facebook 的工程师眼中“产品经理其实没什么地位”。工程师可以在产品开发阶段作出任何修改，甚至加入原设计之外的新功能。每个月各个团队会碰头进行项目汇报，产品营销经理和产品经理都会参加，但没什么发言权；稍有不慎就会被人举报称他们占用了过多会议时间。公司主张每一位工程师能对自己开发的产品全权负责。Facebook 的工程师成长速度相当之快，要么他们成长为全面合格的工程师，要么卷铺盖走人。这里是一个竞争残酷的地方，只有第一名，没有第二名。

Facebook 在这种务实的工程师文化之下，没有人愿意花时间打口水战。公司主张每一位工程师能对自己开发的产品全权负责。产品好不好，要用原型说话。最后，扎克伯格还会参与审核代码，这是其他公司 CEO 所没有的严谨态度。

在 Facebook 中，项目的负责人不是所谓的产品经理，而是指定一名工程师来负责整个项目。责任非常明确，既锻炼了工程师统筹协调的管理能力，也能够让最具有产品发言权的人来把握产品，一句话就是：让内行管理内行。

工程师对产品的设计把握有以下几个关键词：

第一，不要太追求完美。完美主义是书面的意思，在现实世界中，尤其在产品中，是不可能存在的，任何产品都不可能一次性成为完美，或者即使在首发接近完美，也会在以后的用户使用中发现新的缺陷。工程师的世界里只有成功的产品，没有完美的产品。这是他们的理性之处。比如说第一代的聊天软件虽然现在看起来十分幼稚，没有图片功能、没有视频聊天功能，还不能对好友进行分组，而且用户的资料很可能是假的。但是，并不妨碍它作为成功产品的积淀作用。用户反馈很满意，并迅速集结了数十万人的规模。所以，工程师认为：只要是用户满意，并且市场反响好的产品就是成功产品。软件产品就是在使用中不断得以完善的，在不断地快速迭代中实现每一步的改进，最后得到一款成功的产品。还有就是四个维度理论中，由于受到众多因素的限制，完美的产品无从产生。时间和金钱毕竟是有限的，就连教父级的人物乔布斯也不可能设计出完美的产品，尽管苹果产品在设计和制作上堪称典范。但是，它也是在更新换代中变得更好。不完美是有底线的，不能以不可能完美作为一个借口而不保证产品的质量。Facebook 的质量底线是产品的目标使用场景在 99.8%的情况下是可用的。这个质量底线，可以是功能、可以是速度，也可以是负载等。Facebook 的质量底线还是高过别家公司的。

第二，不要挑战用户的耐性。用户不是工程师，他们只是要求产品尽可能有趣好用的普通使用者，如果产品很麻烦，需要学习，挑战了用户的耐性，用户也会反过来挑战产品的市场。最好的社交产品是不需要用户学习，凭借直觉或者以前的网络经验就能轻易掌握操作。产品一定有一个核心的作用，所有其他功能一定要围绕这个核心展开。比如微信就主打语音功能，它的其他功能也是围绕这个主要功能展开的。在页面设计上还要综合考虑功能的排序，主要功能放在最醒目的位置，然后以此类推。流程和操作方法一定要简化。

第三，带入用户的体验。要把握好产品的使用者。工程师可以在很多时候想象自己是一个不懂技术的普通用户，用陌生的眼光来使用自己生产出来的产品，审视产品还有什么不方便之处。所以，产品越简单越好，但并不意味着简陋（Be as simple as possible，but not simpler）。产品要方便用户使用，没必要搞得复杂。按钮尽可能少，操作步骤尽可能少，页面上的元素尽可能少。当然，要保留的还是这个产品的核心功能，不能因为简单，最后本末倒置。不必要胡子眉毛一把抓，想把自己所有的好点子都塞进一个产品中去。一个产品只可能有少数几个亮点，功能太多反而叫用户眼花缭乱。Facebook 也很乐意通过用户来征集他们对产品的新的要求，但是他们也会理性分析这些需求，有时候用户也有口是心非的，比如，有时候用户对隐私十分强调，但是他们却对别人的隐私有偷窥的欲望。所以，这个隐私保护是对自己隐私的保护，而不是对别人隐私的保护。Facebook 还有自己独特的方法：通过数据分析来确定用户究竟需要什么和支持什么。

关于产品的进度，Facebook 通过定期的碰头会来加以控制。如果有必要，每天都能进行一次，可能也就十几二十分钟的时间，却能让所有团队成员对项目进度有了整体把握，落后者也会暗暗加油，有需要帮助者也会毫不隐瞒地提出来，因为一个人的工作进度可能会影响整个团队。每周五项目负责人会要求小组所有人都形成一份简报，发送给其他成员，说明自己手头的工作情况。

发布产品前，工程师和设计者们还有很多事情要做，发布前的评估：在发布之前，根据具体的产品或者该次发布的特点，做一些诸如发布策略、需监测的核心数据、产品演示、核心算法改变等方面的讨论。

Facebook 模式，或者说硅谷模式能够被国内互联网公司照搬吗？国内已经有了许多扎克伯格的拥泵，他们急切地希望 Facebook 模式也能被引入国内，让国内也能出现像 Facebook 一样的伟大公司。可是现实是：Facebook 的很多项目的前提设定都是一流的人才才能够做的有一定挑战性的工作，并且公司寄予厚望。Facebook 的人才结构和工程师文化让它能够在这种苛刻的前提下还能高速运转，但是国内互联网行业是否得到了一流的人才还是一个问题。所以，借鉴是可以的，模仿是不可以的。

第十三章

不按常理出牌
——Facebook 的“黑客式”做法

扎克伯格曾经不厌其烦地在各个场合申述他对黑客的理解和推崇。在人们的脑海里，他们拥有顶级的技术，神出鬼没，做着一些很酷的事情，当然不是指黑人网站、攻击国家安全系统、更改用户信息那类臭名昭著的事情。其实，这是大家对黑客的片面理解，黑客已经形成一种文化，应该受到大家推崇的文化，它站在了官僚主义、缺乏创新、僵化迟缓、平庸混乱的对立面，它代表了机构扁平民主、锐意创新、高效进取。我们都不得不承认，黑客精神不仅改变了一个行业，而且正在改变一个时代。虽然 Facebook 创立之初的率性而为颇为人们诟病，但是它秉承的黑客精神确实在众多的互联网站中杀出一条血路，屹立于硅谷新贵公司之林。当然，现在 Facebook 显然不合适再运用当初的黑客管理模式，但是他们仍旧欢迎一流的具有黑客特质的工程师们加盟。

第一节　替黑客正名

在近些年的好莱坞大片中，逐渐引入了一个神秘的角色——黑客，他们亦正亦邪，蜗居在黑暗的角落，却做出惊人之举。尽管他们的身份界定十分困难，但并不妨碍他们身上的迷人魅力。人们认为，世界上头号电脑黑客是凯文·米特尼克。他不是第一个黑客，但是经历却十分惊人。这位“著名人物”现年不过四十多岁。其实他的技术也许并不是黑客中最好的，甚至相当多的黑客们都反对他，认为他是只会用攻击、不懂技术的攻击狂，但是其黑客经历的传奇性足以让全世界为之震惊，也使得所有网络安全人员丢尽面子。

他的童年跟扎克伯格有点相似，是略显孤僻的性格。在米特尼克很小的时候，他的父母就离异了。他跟着母亲生活，从小就形成了孤僻倔强的性格。20 世纪 70 年代，米特尼克还在上小学时就迷上了无线电技术，并且很快成为了这方面的高手。后来他很快对社区“小学生俱乐部”里的一台计算机着了迷，并在此处学到了高超的计算机专业知识和操作技能，直到有一天，老师们发现他用该校的计算机闯入其他学校的网络系统，他因此被学校劝退。美国的一些社区里提供电脑网络服务，米特尼克所在的社区网络中，家庭电脑不仅和企业、大学相通，而且和政府部门也相通，这些电脑领地之门都会有密码。这时，一个异乎寻常的大胆的计划在米特尼克脑中形成了。此后，他以远远超出其年龄的耐心和毅力，试图破解美国高级军事密码。在成功闯入**“北美空中防护指挥系统”**之后，米特尼克又把目标转向了其他的网站。不久之后，他又进入了美国著名的“太平洋电话公司”的通信网络系统。在网络上他甚至有一次还发现了联邦调查局对他的通缉令。常在河边走，哪有不湿鞋。他被捕了，当时还没有网络犯罪这条刑法，警察抓了他之后都不知道该往哪里关押，只好把他先安顿进少管所，最后也不了了之。但是他并没有从这次的牢狱生涯得到教训。后来，他还屡次入侵大公司的网站，给他们造成很大的损失。他逐渐在警方变得有名气，警察对他恨之入骨，布下天罗地网要将他绳之以法。联邦调查局为了收拾这个刺儿头，还收买了凯文最要好的朋友，让他引诱凯文攻击联邦调查局的网站，当他入侵之后发现这是一个圈套，先于警察逃跑了。他在逃跑过程中还及时调取关于通缉和抓捕他的资料，以便逃脱。联邦调查局在对他毫无办法的情况下，找到了美国最出色的电脑专家下村勉来专门追踪凯文。1995年，下村勉终于追查到了凯文的藏身之所，然后通知警方将其绳之以法。凯文在见到下村的时候还不免惺惺相惜地对下村勉的电脑技术表示钦佩。这次凯文没有得到赦免，他被判了4年徒刑。在他服刑期间，世界各地的黑客呼吁对其减刑。有些狂妄之徒还扬言攻击重要的系统。这些幼稚的行为并没有让凯文在监狱里少待一天，4年后他才出来。他对电脑技术迷恋到一定程度，还专门戒过计算机瘾。他不是一个可以用正常道德衡量的人，也是在互联网时代才出现的挑战世俗观念的人。他的犯罪与传统的损害他人利益的行为不同，动机也不同。后来他还写过一本书：《反入侵的艺术——黑客入侵背后的真实故事》。

上面就是凯文的故事，他的开端跟扎克伯格太过相似：都是略显孤僻的天才儿童，为了兴趣曾经入侵别人的系统。结果却不尽相同：凯文在大家口中只是一个黑客，一个颇有争议的技术过硬的黑客。而扎克伯格却成了著名的CEO、亿万富翁、慈善家。黑客可能有一个相同的开头，却因为各自的机遇和努力，变成了完全不同的人。黑客文化最核心的价值观是“所有信息都应该是自由传播的”。黑客的驱动力不是偷窃和破坏，而是学习和创造。前者的代表凯文并没有取得成就，而后者的代表成就了Facebook，甚至在影响一个时代。20世纪80年代，著名记者列维出版了一本轰动一时的书:《黑客：计算机革命的英雄》，记录了20世纪50年代到80年代的黑客行为。这是一本向黑客致敬的书籍。可以说，现在整个互联网的发展黑客文化功不可没。互联网行业的很多名人都曾经是赫赫有名的黑客：苹果公司创始人之一沃兹尼亚克就是一名黑客，他早期曾制造了盗打长途电话的“蓝盒子”，并由乔布斯进行销售。微软创始人比尔·盖茨曾经也是很著名的黑客。

2012年2月，Facebook公司上市前夕，扎克伯格在对外发表的公开信中这样说道:“为了建设一家强大的企业，我们努力将Facebook打造成优秀人才施展才华的最佳平台，以期对世界施加重大影响。我们打造了独一无二的企业文化和管理方式——我们称之为‘黑客之道’。”黑客不是像凯文一般只是利用技术为非作歹的人群，它其实是一个褒义词：向一切不可能发起挑战。黑客们是理想主义者，也是完美主义者。与其他人不同的是，黑客们永远有追求，向着更高更远的目标前进，不会满足于现状。他们是一群孤独的寻梦人。Facebook的早期黑客文化是所有工程师所认同的，他们通过对产品的不断完善去接近梦想，有很多杰出的工程师完全不用公司的激励，他们要求不断挑战自己，挑战别人。包括公司的管理方式和培训方式都渗透着这种文化。

慢慢地在扎克伯格的“洗白”下，黑客成为褒义词，带着技术顶级高手的意思。他说:“一名优秀的黑客相当于10~20名普通工程师。我们的文化允许优秀员工快速推出成果，并赢得尊敬。”顶级工程师和公司之间是相互依存和成就的关系，公司为顶级人才提供平台，让他们的想法变成现实，顶级人才通过自己的劳动和创新给公司带来新的发展机遇和前途。在Facebook，平均每位工程师服务的用户数量都在百万人以上，是业内效率最高的公司。Facebook对黑客保持有浓厚的兴趣，他们的工程师队伍有很多人最早就是通过一些无伤大雅的黑客行为获得了公司的关注，后有机会成为公司的一员。其中比较有名的有克里斯·帕特南，他的黑客行动是因为用蠕虫病毒成功入侵了Facebook系统而被另一个创始人达斯汀·莫斯科维茨（Dustin Moskovitz）发现并招进公司的。虽然蠕虫给公司带来了麻烦，影响了几千名用户，但这只是恶作剧行为，Facebook有胸襟去接纳他。另外一位利用蠕虫攻击系统的倒霉鬼就没有这么幸运了，他被Myspace告上了法庭，被送进了监狱。还有一名短暂在Facebook服务过的黑客乔治·霍茨不得不提，他曾经成功破解了苹果手机，苹果只要推出新版本，他都能成功破解。2011年，Facebook将这位名声大噪的黑客招到旗下，但是他仅仅干了一年时间就离开了。

第二节　独当一面的黑客能力

黑客都是单打独斗的独行侠，他们凭借一己之力只利用简单的电脑工具就达到了令人惊奇的效果，每一次黑客行为都是一个独立完成的小项目，在很多时候他们只是为了证明智力上的优越性。黑客和骇客有明显的差别，骇客是那些利用网络漏洞破坏网络的人。他们往往做一些重复的工作（如用暴力法破解口令），他们也具备广泛的电脑知识，但与黑客不同的是他们以破坏为目的。在日本《新黑客词典》中，对黑客的定义是:“喜欢探索软件程序奥秘，并从中增长了其个人才干的人。他们不像绝大多数电脑使用者那样，只规规矩矩地了解别人指定了解的狭小部分知识。”他们通常具有硬件和软件的高级知识，并有能力通过创新的方法剖析系统。“黑客”能使更多的网络趋于完善和安全，他们以保护网络为目的，而以不正当侵入为手段找出网络漏洞，不以盈利为目的。

在普通人的脑海里，黑客和画家是两种没有交集的人，从事不沾边的行当。黑客靠的是理性的思维和准确的技术语言，而画家靠的是情感和光影的表达，是感性思维的结晶。格雷姆曾经写过一本书，叫作《黑客与画家》，里面提到：黑客也是创造者，与画家、建筑师、作家一样，都是艺术家。其实这背后的含义告诉我们，黑客是程序员的最高境界，其核心的价值在于“创造”，而不是写代码。创造性的思维本身就是一门艺术，而所有的艺术大家也都有其特有的思维方式。在格雷姆的眼中，计算机技术只是表达的工具，比如是画家的画笔，或者是建筑师的水泥，它们只是工具，究竟要绘制什么蓝图，得到什么作品，都要靠作者呕心沥血的个人创作。格雷姆声称自己在编程方面受到的启发主要来自于艺术。他认为计算机理论如同是画家的颜料，了解了基本原理就好，其他的要靠自己的聪明才智来创造。黑客不同于科学家，他们更加随意和天马行空，不受任何约束，以一颗完美主义的心去创造。

高级生物存在的意义就在于创造，人类就是基因发生创造性变异的结果。如果人类的基因一直理性地复制，那么现在的人类和数万年前的人类恐怕没有什么区别。正是由于“基因变异”的存在，才有了不断进化的生命，经过亿万年的“变异”迭代，单细胞生物逐渐进化出了今天多样的生命族群，包括拥有“自我意识”的人类。参观过硅谷的人都对那里的黑客工程师们印象深刻：他们身上充满涉世未深的童心，不看重金钱，怀揣一颗改变世界的心。

埃里克·雷蒙德在《大教堂与集市》里对黑客文化做了详细的介绍和分析。这可以看作是黑客文化的经典之作。还有人把黑客文化和中世纪的骑士文化相比拟。它所表达出来的价值观，类似于中世纪欧洲骑士时代精英团体所宣称的在现实中经常无法实现的理想，这些社会精英有足够的财力超脱于所处的稀缺经济。像人们期望的那样，一个有抱负的骑士为正义而战，他追求荣誉而非获取钱财，他站在弱势和受压迫者一边，不断寻求机会挑战自己英勇才能的极限。也正因如此，他会认为自己（并被别人认为）是人中翘楚——前提是他的能力和品行已获得其他骑士的承认和正式认可。在亚瑟王传奇和武功歌所颂扬的骑士精神中，我们看到了理想主义、对自我的不断挑战和对地位的追求，这与当今激励黑客的要素是类似的。既然对黑客有如此高度的评价，那么就不难理解，为什么在青少年当中，有很多人的偶像是著名黑客。

比尔·盖茨说他自己在13-16岁之间才是真正意义上的黑客，到了17岁，他的编程思维已经固定，所以不再是黑客。在少年时代，盖茨也有过唯我独尊的黑客时光。他用计算机技术作为画笔，任意绘制出自己的作品软件。黑客最重要的作用就是创新，不重复别人，也不重复自己。第一个造出轮子的人很伟大，但是第二个造出轮子的人就不再是英雄了。盖茨在黑客历史上具有特殊的地位，很多人认为他是有史以来最优秀的代码编写者。他最初版本的 Basic 程序编写得十分高效，以致可以在 4KB 的 PC 机子上运行。他招聘员工的标准就是代码是否写得好。他说："如果你要雇用工程师，只需看看他写的代码。如果他没写过多少代码，那么不要雇用他。"历史上著名的黑客很多，但是大多数都变得默默无名，没有在技术历史上留下浓墨重彩的一笔。扎克伯格和比尔·盖茨将黑客文化和商业结合起来，做了改革，所以他们创造出了伟大的公司。"对于黑客文化的新一代继承人来说，他们认为商业和黑客理想并不冲突，并且把自己的想法转化成了商业上的成功"。盖茨声称，黑客文化和商业是不冲突的。他认为商业化不仅不会威胁到创新，相反还能促进创新。假如优秀工程师开发出的软件很容易就能被人复制，那么这个行业很快山寨遍地，开发者的热情就会被打消。于是产生劣币驱逐良币的现象。他举了个例子，如果杂志社的杂志很容易就能被别人复制，那么写稿的作者有可能养活不起自己，他们白天可能做其他工作来贴补家用，晚上才写作。

因为人生的选择不同，黑客当中有阶下囚，也有亿万富翁。米特尼克多次因黑客攻击而被捕入狱，是最富有盛名的传奇黑客，后来他成为了一个畅销书作家。乔治·霍茨曾经就职于 Facebook。艾德里安因入侵《纽约时报》的计算机网络，在 2003 年被捕，他在一系列 Op–Ed 投稿人中添加自己的名字，并使用一个 LexisNexis 账号进行搜索。他被判在家监禁。罗伯特·塔潘–莫里斯现在是麻省理工学院的教授。马克斯·巴特尔由于窃取了 200 万张信用卡的信息，欺诈损失达 8600 万美元，最终被判入狱 13 年。成为人生赢家的亿万富翁包括苹果前总裁乔布斯，微软总裁盖茨和 Facebook 的扎克伯格。

整个硅谷都崇尚工具文化。工具文化最能体现顶级黑客的价值。几乎所有的硅谷互联网公司都把最顶尖的人才放在公司工具的研发小组里。工欲善其事必先利其器，只有公司的工具强大了，才能让整个公司变得更有效率。Facebook 有两个工具小组：一个叫研发工具组，主要负责研发工具的开发和维护，包括所有有助于工程师开发速率的工具的研发，主要服务对象是内部工程师。另外一个叫网站支持和工具组，主要负责公司里所有通用工具的开发和维护，关注的焦点是如何方便用户和 Facebook 的交流，以及 Facebook 内部的沟通，服务对象是用户和所有员工。从这些工具可以看出，Facebook 是一家工具驱动的公司，他们却不要求自己完成所有研发，如果有别的公司的工具做得更好，他们也会拿过来用。节省时间成本是公司所追求的，公司会花大笔钱购买数据库软件 MySQL 的支持服务。工具是给力的杠杆，可以撬动更大更多的功能。

第三节　由黑客到领导者

Google 和 Facebook 都是工程师文化主导的公司，他们将其他公司远远甩在了后面。在其他公司，工程师们是一堆螺丝钉，被公司镶嵌在各个位置上，他们的工作都是被事先设定好的。由技术经理和产品经理来决定他要做什么。工程师们没能发挥多大的主观能动性。Facebook 和 Google 给了工程师充分的自由和权限。工程师可以参与讨论和决定要做什么样的产品，通过什么途径做，需要多少资源和时间。最后在意见通过后，用代码将产品变为现实。Facebook 定期组织工程师们参加黑客马拉松比赛，在有限的时间内一个团队集思广益将一个想法变成现实，许多 Facebook 的创意产品都得益于黑客马拉松比赛。

据说 Facebook 给应届生的待遇能达到每年 10 万~11 万美金，个别优秀毕业生会谈判的话，还能拿到好几万美金的“签约奖金”（工作满一年就可以全部发放），另外还有年终奖和期权，加入 Facebook 的优秀毕业生都有机会拿到等值于 30 万美金的期权（分 4 年给）。

一个就职于 Facebook 的华人工程师回忆他当初做的第一个项目的情形：他们拿到的命题是虚拟礼品商店。开发小组里包括产品经理、设计师和作为工程师的他。三个人就经常在一起讨论产品包括功能、做成什么样、可行性有多大、做成这样要多长时间等问题。他们经常吵架，经常在一个小房间内待到晚上八九点。最后都会互相妥协，互相认同彼此的专业和强项，达成一个让人兴奋但也有点忐忑不安的方案。方案不是空谈，都要落实到具体的产品上。设计师决定了产品最后的形态。如果他做出来后工程师觉得不满意，就会提出意见。设计师也会拿出诚意再出一个版本。产品经理就会站在用户和市场的角度上来提出意见，比如哪些功能必须要，哪些功能还要加强，在使用的时候还有什么问题等等。

Facebook 的工程师和中国的工程师们是不同的，Facebook 的工程师不是一群撰写代码的工具，他们的代码编写工作只占到整体工作的一部分，他们还要参与产品设计和讨论。他们对产品的最终形态的决定权比产品经理要大。在中国产品经理大致决定了产品有哪些功能，做成什么样子。工程师只是照着产品经理的意思编写代码就可以了。Facebook 的工程师带领团队的经历让他们很快在实际中学会如何做一个管理者。他们认为，领导者最重要的事情就是去激发和帮助员工，让他们更加优秀、比原来做得更好。你要为团队成员树立起高的期望值并加以衡量，在团队的真实极限中找到一个可持续性的驱动力来激励团队超越自我。对于有弱点的团队成员，要帮助他们认识自己的弱点。顶级的工程师们并不需要人来“管”他们，也不愿意别人对他们的工作和能力指手画脚。Facebook 对工程师的管理很像乔布斯，他们都善于推动工程师们超越自己，收获他们最好的一面。团队的负责人还会在每周五给每个成员发邮件，根据过去一周的表现来激励他们。如果有的人表现不在状态，负责人就会通过比较他现在和以前的工作情况，言下之意是告诉他做的并不尽如人意，希望他可以做得更好。

项目负责人的放权还体现在让工程师自己挑活儿干。每个工程师的能力有侧重点，其他公司的做法是根据项目的需要来匹配人才。在Facebook，负责人往往希望把个人兴趣和能力结合起来给他分配工作。很多时候，让工程师根据自己的兴趣去挑更愿意做哪些项目，很少是从负责人这里单向分配出去的。放权是一种信任，信任也是有条件的信任。Facebook毕竟是一个规范化的公司，不是一个社团，所以每个工作都是量化的，项目负责人必须能慧眼识人。在委托一项工作时要充分考虑到成员的能力、潜力和工作的负责程度。然后，让他列出一份工作计划，在计划实行的头几天密切跟踪工作的完成进度是不是按照计划施行。慢慢地建立管理者和工程师之间的信任。管理者对工程师的耐心是有限的，如果在有限的时间内并不能达到管理者的预期目标，这个工程师在后面的绩效评价中可能会被打低分，有些工程师迫于压力会辞职。管理者是要帮助成员快速成长，而不是事事亲力亲为。

如何在团队内部实现良性互助关系？工程师之间会有微妙的竞争关系。在协作的时候，他们总想说服对方按照自己的意思行事。因为角度的不同，如果一直争吵下去很容易变成意气之争，那么解决的办法是建立人与人之间的情感联系。人不是完全理性的动物，在情感的框架下，他们反而更容易达成妥协。将竞争关系变成朋友关系，那么合作共赢就成了双方追求的主题词。在一起喝咖啡，一起散步聊天，这些轻松愉快的交际方式都能叫人们放下紧张关系。

项目负责人还会和工程师、设计者进行一对一的碰头会。碰头会显然是笼络人心的重要方式。碰头会上主要是负责人让工程师们说出自己的疑惑或者问题，准确地说，是有效获得工程师的工作和生活状态的有效方式，并且显得尊重隐私和亲近。主要集中在这几个问题上面：工作得高兴吗？在现在的项目组做得适应吗？如果做得不高兴的话弄清楚为什么，是个人的原因、项目的原因，还是团队或者公司的原因，看看有什么可以改进的地方。工作效率个人认为高不高？如果效率不高的话是什么原因导致的？有没有可以帮助移除的障碍。是不是缺乏某方面的知识或工具？有谁可以帮得到？对当前的项目有哪些自己的看法？认为它重要吗？对项目的未来有什么期许？是否觉得当前的工作已经实现了自己的能力，如果没有的话，觉得那种项目能够更好地发挥自己的能力？这些问题都体现了被谈话者最关注的点。负责人在一对一的碰头会上充分做到了尊重个体。他会选择一个非正式的场所进行会面，如果选在了办公室或者会议室里，容易让被谈话者产生心理上的负担。所以，食堂、咖啡厅和公司的活动区域就成了最佳选择。碰头会的主角是员工而非经理，所以要尽可能让员工开口提问题或者说明心声。碰头会主要还是为了解决问题，所以在碰头会之后要有实际行动。本次碰头会上，负责人针对被谈话人提出一个建议，那么在下一次的碰头会上被谈话人要对上次建议的执行情况进行汇报。看似云淡风轻的碰头会是给予被谈话者的一次重要机会，所以被谈话者应该尽可能就这次谈话做好准备，没有准备的谈话是漫无目的的，很可能解决不了任何问题。

工程师如果做得好，就可以胜任经理，但在地位上几乎没什么变化。Facebook 和雅虎不同，他们不是官僚机构，最核心的资源是工程师，地位最高的也是工程师。工程师主导公司技术方面的一切事务。同时，也给工程师提供升职的机会。如果一个工程师有创业的想法，那么获得经理这个职位就是必要的经历。从做单一的技术支持到管理一个团队，独立完成项目需要的是多方面的能力，可以使人迅速成长和适应角色。成为经理的好处在于，有很多开阔眼界的机会，比如可以参加公司里所有的产品开发会议，听很多资深人士的观点看法，知道牛人的过人之处。

在薪酬方面，因为 Facebook 的非官僚体制，所以处在管理岗位并不比工程师拿得多，如果有人就是喜欢专攻技术，那他也可以成为薪酬高过经理的资深工程师。

一位天马行空的黑客如果坐上管理者的位子，就不可能像以前那样随心所欲地工作，丧失的将是最宝贵的自由。转变到管理角色对于一个工程师的心态变化影响很大。把团队比作车的话，在管理角色上就好像开车时坐在驾驶位置上，你再也无法享受乘客的自由度，因为整个团队需要领导者来确定工作的方向和速度。什么时候该刹车，什么时候要加油，什么时候让谁下车、让谁上车，这些都成为领导者的权力。责任也就更大，不可能再继续任性。

第四节　Facebook 的导师文化

Facebook 的导师文化并没有制度化，它是自身人才配置良性循环的结果。即使是顶级人才也需要一位可以在关键时刻给予指导、帮助和肯定的导师。在成长的道路上，导师的力量是无可替代的。导师不是“仙女教母”，他只是给你建议和经验。在扎克伯格的事业道路上也有很多导师级的人物，比如说帕克和桑德伯格，他们肯定他的能力并且为他提供有建设性的意见。

导师文化的出现能够使企业增强学习氛围、使员工的时间和努力实现效用最大化，并使企业资源更好地被利用。员工通过导师指导学到的处事技能，有助于整个企业内部关系的发展，当这些关系得到深化，员工就会感觉与企业的联系更加紧密。最终员工通过导师指导学到的全部知识，将能够为整个企业创造价值。

导师文化有诸多好处：

其一，职业支持功能。通过面对面的接触，导师向学员传授岗位所需的知识和技能，提高工作绩效。导师手中的资源也可以拿出来和学员共享。学员通过对自己所欣赏的导师的职业生涯的观照，可以更好地规划自己的职业生涯。

其二，提供心理支持。刚进入公司的学员面对一个全新的环境内心会比较惶恐。导师在工作标准和管理能力上都给学员提供了一个范本，也能在各个阶段对学员的工作给予肯定，让他们在心理上获得支持，毕竟大老板的时间有限，不可能和每一个员工促膝长谈。

其三，有利于知识的创新。导师和学员之间是知识的分享和创造的关系，这是一个一加一大于二的过程。导师在已经颇具稳定性的工作中逐渐丧失了最宝贵的活力和创新能力。导师为学员提供经验和帮助，学员给导师注入一股活力。双方是平等的关系，不是学徒与师父的关系。学员如果觉得跟导师接触是在浪费时间，他可以随时终止这种关系，导师也一样。

其四，对企业文化的传播和巩固十分有效。在公司内部做得风生水起的各个方向的牛人肯定是最适合企业文化的人才。这些人才作为导师也将把企业文化潜移默化地传播给自己的学员。

导师有两个特征：第一是肯定你，能够有共同话题；第二，有更多的经验和更专业的解决问题的能力。老话说，跟什么人学什么人，交比自己强的朋友才能提升得更快。真正有才华的人是不吝赐教的，他们更愿意在分享自己经验的同时，碰撞出思想上的火花，毕竟，赠人玫瑰手留余香。要寻找的导师，自身必须先是一个自信的人。只有自信的人才会去选择那些更优秀的人成为朋友。自卑的人为了维护自己脆弱的自尊心经常寻找比自己各方面都差的朋友。寻找比自己强大的朋友可能会有压力，但成长要寻找真正的导师，还要提升自我。只有不断要求进步的人才有寻找导师的必要。很多一事无成的年轻人经常热衷于听一些创业导师的讲座，这个意义不大，原因在于，年轻人和导师之间没有平等对话的桥梁，你不但没经历过他所说的那些，而且没有任何创业经验，谈何学习？必须有了一定的基础之后才好找导师，不然问问题都是纸上谈兵。寻找导师要从以下几个方面入手：

第一，抓住主要矛盾。每个人需要提升的短板很多，要看在工作中最影响自己的短板是什么，抓住主要短板进行提升，在提升过程中产生的问题可以寻找优秀的同事和上司去请教。在 Facebook 通过新兵训练营进来的工程师只要愿意提高自己，仅需一个真诚的邮件，就能和公司里的任何工程师搭上关系，不论他是上司还是其他组的同事。在时间允许的情况下，大多数颇有建树的人是乐于助人的。所花费的成本也很小，只需在下班时间一起吃个午饭或者喝个咖啡，一起聊聊遇到的问题，可能就让一个菜鸟豁然开朗。

第二，切忌漫无目的闲聊。Facebook 的每个人都有其自身价值，每个人的时间都很宝贵，他们有更多现实的工作要做，根本没有时间进行一场没有意义的闲聊。对导师的帮助要心怀感激，心怀感激绝对不是指物质报酬。需要依靠报酬去激励的导师，那是付费的咨询顾问，他们可以帮你办事，但不关心你个人的发展。菜鸟需要非常尊重导师的时间，在交流之前做好准备，带着话题、带着案例前去，使得双方的讨论有很好的基础。解决问题才是谈话的目的，侃大山只是逞一时口舌之快，并不能解决问题和获得进步。

第三，和导师成为朋友。有了感情上的沟通，导师就更愿意帮助你进步。扎克伯格这样不擅长与人交际的人也会在必要时候和他需要学习和借鉴的人积极搞好关系。你要主动去寻找导师，而不是让导师去寻找你。导师因为独当一面的角色，很少有时间去关注到别人的需求。这时候，你要抓住机会和导师交流，做到主动出击。在大学四年的时间里，有的学生一味按部就班地学习，有的学生根据自己的特长和兴趣主动去接触自己感兴趣的导师，在平时的学习中多请教，开阔了眼界、扎实了知识，最后获得对人生方向的判断和把握。

第四，对每次的收获做一个记录。人的记忆力很有限，尤其是在密集地获取信息之后，所谓好记性不如烂笔头。为了跟随导师的脚步更快进步，每次把导师的指导、自己的思考都用心做个记录，有时间就翻一翻，相信会很有收获。有时候，自己在某个问题上纠缠很久不得其解，经过导师的点拨后豁然开朗，少走了很多弯路。

国内的企业导师文化不是太流行，原因很多：国人的性格偏于内向，不敢向比自己优秀的人寻求帮助，怕自尊心受伤害。企业竞争激烈的氛围所致，前辈不敢太提携后辈，怕青出于蓝而胜于蓝，以至于威胁到自己在企业的地位。在日本企业就不存在这样的问题，日本企业非常稳定，论资排辈，年轻人不可能在各方面对前辈造成威胁。师夷长技以制夷，互联网时代，所有企业都应该学习先进的企业文化。

后记

扎克伯格对中国创业者的启示

扎克伯格曾经在各种场合给予创业者一些建议，总结起来无外乎以下几个方面：

1. 从基础小事做起，不要跟风模仿

这大概是所有商业领袖给创业者的必备建议。扎克伯格本人也是从写代码开始的创业生涯，小公司要有自己的核心竞争力。不要抄袭大公司，一味的抄袭在近期可能有用，但从长远来看将会被市场淘汰。他举了 Myspace 的例子，认为 Myspace 为了竞争抄袭他们公司，最后归于失败。这个建议对中国互联网创业者尤其有用，“山寨”无处不在，虽然满地都是创业小公司，但是有创新的、具有核心竞争力的公司太少了。他希望创业者能够一步一个脚印，不要从一开始就抱着巨大的野心与决心。他甚至一开始并没有把 Facebook 当成事业，只是当成爱好。国内的互联网行业曾经混战一时，大都是 C2C 模式，复制粘贴硅谷模式，大家比的是执行力，谁抄袭得快谁就能迅速发展。现在国内的互联网行业也慢慢地进入了理性期，以前红极一时的模仿网站都逐渐在走下坡路。企业的核心竞争力必须是创新。

2. 要有创新精神

交朋友、找导师要找具有创新思维的人，所谓道不同不相为谋，有的创业者一心只想赚短平快的钱，但从长远看其发展潜力不大。产品的功能不求大和多，要求简洁好用，用户体验好，把其中一个小点做成自己的核心竞争力。什么都想做好在实际操作上是不好执行的。要相信，产品做得好了，自然会有盈利点。互联网早已过了盲目烧钱的时代，如果不讲创新，小型创业公司永远没有出头的机会。大公司凭借资源的优势，可以迅速吞并整个同类型市场。年轻人当中不缺乏创新的热情，但缺乏持之以恒的行动。很多好点子可能在无人支持和鼓励的情况下，创业者自身也开始怀疑、放弃。现在的很多天使投资就是为了帮助创新型的小创业公司。有的创业者把自身的失败归结为文化和体制，这个说法未免有些偏颇。近年来政府也出台了很多鼓励政策，鼓励企业自主创新。不仅在资金上给予支持，还在政策上予以扶持。还有，就是和行业翘楚进行交流。国内很多互联网人才经常去硅谷交流学习，了解新趋势，发现新问题。目前，毕竟中国没有几家公司能在互联网领域处于领先地位。如果能有机会去硅谷学习，可以在不用花太多额外成本的情况下得到一些有用的指导，就会少走弯路。

3. 保持创业灵活性

扎克伯格建议创业者想好自己想要什么之后再灵活调整自己的业务方向。他说："很多情况下，你可以在一家公司的框架下做一些工作，但如果这样的工作让你厌倦，并使你产生受困之感，那么你应当调整所做的事情。"马云也不是一开始创业就锁定了阿里巴巴，他最初开了一家翻译复印社，因为销售额抵不上房费，他还把一般的办公室拿来做礼品商店。美国马里兰大学史密斯商学院弗兰克院长说："对一个创业者来说，最重要的一点就是要有灵活性，要很快地适应变化着的环境。因为在很少的情况下，事情是会按着你的预期发展的，在很多情况下，事情都是出乎意料的"。因为现在的变革太快了，没有人能够预测明年这个世界变成什么样。在业内，第一次创业失败反而是一件好事，创业者从失败中学习最快。国内互联网行业的大佬很少是初次创业成功的。灵活性是技术商业化的必备素质，创业公司比大公司的优势就在于不怕输，大公司因为有一定的积累，所以做一项大决定时往往会瞻前顾后，小创业公司不存在这样的顾虑，能够迅速反应，发现风向不好可以立即调转船头。创业公司要保持足够的灵活度，这就意味着，“一个步子能跨出去，也要能跨回来”，要学会蛰伏、示弱，“真和巨头打起来又打不过时，那就一定要跑”。被收购也是创业公司的发展前途之一，不一定要在赢家通吃的时代固步自封。

4. 永远把用户数据放在第一位

用户数据才是最能说明问题的依据。Facebook 很多产品的推出就是基于用户数据的挖掘。用户的诉求可能会说谎，但是数据不会说谎。用数据说话，企业才能提高管理效率和生产效率。数据不仅运用在财务核算上，更能在从研发到采购、生产、物流、营销、质量、人力资源管理等等一系列企业运营上发挥作用。借助数据管理，企业不仅可以有效测量和分析管理效果，而且还能为企业在战略问题、资源整合问题，或者是具体某一类业务提供决策依据。并能够借助分析指标更精确地掌握企业经营趋势。大数据时代，数据可以说明很多问题，更可以挖掘出来有效信息。大数据指的是需要创新处理模式才能具有更强的决策力、洞察力和流程优化能力的海量、高增长率和多样化的信息资产。大数据技术的战略意义不在于掌握庞大的数据信息，而在于对这些含有意义的数据进行专业化处理。Facebook 就善于分析和利用他们所获取的数量巨大的个人数据。

附件 1

扎克伯格大事记

1984 年

5 月：马克·扎克伯格出生在美国纽约一个牙医家庭。

2002 年

4 月：马克·扎克伯格考入美国哈佛大学。

2003 年

10 月：马克·扎克伯格开发 Facemash 的网站。

2004 年

2 月：扎克伯格和其他三位创始人在哈佛大学的寝室中创立了 Facebook。

2 月：哈佛的三位学生卡梅隆·温科吾斯、泰勒·温科吾斯和蒂维雅·纳伦德拉向扎克伯格发送了一封律师终止函。

3 月：从哈佛大学扩展至斯坦福大学、哥伦比亚大学和耶鲁大学。

6 月：将大本营搬迁至加州硅谷帕洛阿尔托。

6 月：PayPal 的联合创始人彼得·泰尔以及风险投资公司向 Facebook 投资 50 万美元。

9 月：增加群组应用，Facebook 个人页面增加留言墙功能。

12 月：活跃用户数接近 100 万。

12 月：马克·扎克伯格从哈佛大学退学。

2005 年

5 月：获得风险投资公司 AccelPartners 融资 1270 万美元，支持超过 800 个大学网络。

8 月：将名称从 The Facebook.com 正式改为 Facebook。

9 月：增加高中网络。

10 月：增加照片应用，增加国际学校网络。

12 月：活跃用户数超过 550 万。

2006 年

4 月：获得 Greylock Partners，Meritech 资本等公司融资 2750 万美元。

5 月：增加工作网络。

8 月：推出开发平台。与微软就横幅广告达成战略台作协议。

9 月：推出 NewsFeed，以及颇外的隐私控制功能面向所有人群开放注册。

11 月：增加分享功能，并在 20 家合作伙伴网站上同步推出该功能。

12 月：活跃用户数超过 1200 万。

2007 年

2 月：推出虚拟礼品商店服务。

3 月：在加拿大的活跃用户数超过 200 万，在英国的活跃用户数超过 100 万。

4 月：活跃用户数达到 2000 万。Facebook 升级网站设计加入网络门户功能。

5 月：推出市场应用，以及 Facebook 平台。

7 月：收购创业企业 Parakey

10 月：活跃用户数超过 5000 万，推出 Facebook 移动平台。

10 月：和微软扩大广告业务合作范围，覆盖国际市场。获得微软 2.4 亿美元投资。

11 月：推出广告业务 FacebookAds。

2008 年

1 月：与 ABC 新闻共同赞助美国总统大选辩论。

2 月：进军西班牙和法国市场。

3 月：升级隐私控制，加入好友列表功能。在德国推出服务。

4 月：推出聊天服务 Facebook Chat，发布翻译应用，支持 21 种语言。

6 月：网景创始人马克·安德森加入董事会。

6 月：以 6500 万美元与温科吾斯兄弟和解。

8 月：活跃用户数达到 1 亿。

12 月：正式推出第三方网站登陆服务 Facebook Connet。

2009 年

1 月：活跃用户数达到 1.5 亿。CNN Live 整合 Facebook 服务。

1 月：与联合创始人爱德华多·萨瓦林和解，赠与他 5%的股份。

2 月：活跃用户数达到 1.75 亿。Facebook 加入 Open ID 组织，推出“Like”功能。

4 月：活跃用户数超过 2 亿。

5 月：俄罗斯投资公司 DST 以 100 亿美元估值向 Facebook 投资 2 亿美元获得该公司优先股。

6 月：推出 Facebook Usemames。

7 月：活跃用户数超过 2.5 亿。

8 月：收购 Friend Feed。

9 月：活跃用户数超过 3 亿。

12 月：活跃用户数超过 3.5 亿。

2010 年

2 月：活跃用户数超过 4 亿。

7 月：推出问答服务 Facebook Questions 测试版。

7 月：活跃用户数超过 5 亿。

8 月：推出位置服务 Facebook Places。

10 月：哥伦比亚电影公司推出了电影《社交网络》。

12 月：马克·扎克伯格携女友来中国度假，约见了中国四大 IT 巨头——百度李彦宏、中国移动王建宙、新浪曹国伟和阿里巴巴的马云。本年度，当选《时代周刊》封面人物。

2011 年

1 月：Facebook 活跃用户数量已经突破了 6 亿。

1 月：Facebook 从高盛和 Digital Sky Technologies 融资 5 亿美元，Facebook 市场估值达到 500 亿美元。

2 月：Facebook 宣布在香港设立广告销售办事处，为香港和台湾市场提供服务。

5 月：Facebook 与欧洲无线音乐服务商 Spotify 达成合作协议。

7 月：活跃用户数超过 7.5 亿。

11 月：Facebook 与联邦贸易委员会（FTC）解决了相关的指控，这些指控声称 Facebook 欺骗了用户，侵犯了用户的隐私权。

12 月：在全球范圈内正式推出新版 Timeline 页面。

2012 年

1 月：Facebook 的股票停止在二级市场进行交易。

2 月：Facebook 向美国证券交易所提交了 IPO 申请，计划融资 50 亿美元。

4 月：Facebook 活跃用户数量已经突破了 9 亿。

4 月：Facebook 宣布以 10 亿美元收购在线照片共享服务商 Instagram。

4 月：艾德思奇成为中国唯一一家在 Facebook 社交广告上获得推荐的市场合作伙伴。

5 月：Facebook 美国上市，发行价 38 美元。Facebook 市场估值 1000 亿美元。Facebook 将超过谷歌，成为硅谷有史以来规模最大的 IPO。持有公司 28.4%股份的扎克伯格，身家将达到近 300 亿美元。

5 月：马克·扎克伯格与亚裔女友普莉希拉·陈在加州硅谷举行了婚礼。

2013年

6月：品众互动成为Facebook在中国大陆地区首家代理商。

12月：捐给硅谷社区基金会（Silicon Valley Community Foundation）4.988亿美元的Facebook股票，用于教育和健康项目。

2014年

2月：Facebook宣布与快速成长的跨平台移动通讯应用WhatsApp达成最终协议，将以大约160亿美元的价格，外加30亿美元限制性股票，共计190亿美元，收购WhatsApp。

3月：Facebook发布物联网开发者工具向“物联图谱”转变。

3月：Facebook宣布，将以约20亿美元的总价收购沉浸式虚拟现实技术公司Oculus VR。

3月：Facebook聘请美国宇航局（NASA）喷气式推进实验室和艾姆斯研究中心的宇航和通信专家从事“互联实验室”项目，计划利用卫星和无人机等技术，帮助互联网设施薄弱地区的用户联网。

7月：Facebook宣布，收购虚拟现实头盔制造商OculusVR的交易，正式结束。

8月：奥地利隐私保护人士马克西米利安·施雷姆斯发起了针对Facebook的集体诉讼。

9月:“Facebook公司”的微博账号在华出现。

10月：Facebook收购移动消息初创公司WhatsApp。

12月：Facebook为收购Snapchat开出的报价超过了30亿美元。

2015年

1月：Facebook收购了自然语言软件厂商Wit.ai。

1月：Facebook收购位于加州圣迭戈的QuickFire Networks，该公司开发视频内容发布设备，以及转码和处理软件。

附件 2

面对世界的宣言

——来自扎克伯格的一封信

最初创建 Facebook 并不是为了成立一家公司，它是为了完成自身的社交使命——推动世界更加开放、加强人与人之间的联系。

我们认为 Facebook 的投资者理解这一使命对于我们的意义、我们如何决策、我们为什么从事现在的工作是非常重要的。我将尽力在信件中解释我们的方式。

在 Facebook 中，我们被科技给人们传播和使用信息带来的巨大变革所鼓舞。我们经常谈论到印刷机和电视这些使沟通更为有效的发明，它们带来了社会很多重要领域的彻底转变。它们给更多人提供了表达的机会，它们鼓励进步，它们改变了社会的组织方式，它们使人类生活更加密切。

今日，我们的社会处于另一变革的转折点。我们所处的时代，是大多数人能够使用互联网络和移动电话，这些必要的工具使人们能够与其他人分享他们想到的、感受到的、在做的。Facebook 鼓励创造更好的服务，给予人们与他人分享的能力，帮助人们再次改造我们众多的核心机构和行业。

现在有极大的需求和绝好的机遇使世界上所有人保持联系，为所有人提供发言权，帮助改变未来社会。我们面临着史无前例的必备技术和基础架构，我们相信这将是我们需要关注的最重要的问题。

我们希望加强人们之间的相互联系

虽然我们的使命听起来很远大，但它的起点很小：从建立两个人之间的联系开始。

人际关系是整个社会的基础，能让我们发现新理念、理解我们的世界，并最终实现持久幸福。

在 Facebook 中，我们开发工具来帮助人们与他们所想的人建立联系，分享他们想要分享的。通过这种方式，我们扩大了人们建立和保持联系的能力。

人们分享的越多——即便仅仅是与友人或家人的共享——也能创造出更加开放的文化，更好地理解他人的生活与观点。我们坚信，这可以在人与人之间创造出更多更紧密的关系，帮助人们获得更多多样化的观点。

通过帮助人们建立这些联系，我们希望重新规划人们传播和使用信息的方式。我们认为，世界的信息框架应类似于社交图谱，应该是一个从下到上，或者对等的网络，而不是目前这种整体式、自上而下的结构。我们还认为，赋予人们对共享内容的控制权是重塑这种方式的基本原则。

我们至今已经帮助世界上 8 亿多人建立了超过 1000 亿个联系，我们的目标是推动这一重塑进程加速。

我们希望改进人们与企业和实体经济的联系

我们认为，一个更加开放和紧密相连的世界有助于创造更强大的经济体，从而拥有更多可依赖的企业，可以提供更好的产品和服务。

随着人们共享内容的增多，他们可以从他们信赖的人那里获得更多关于产品或服务的观点，这可以简化优秀产品的发掘过程，提高人们生活的质量与效率。

简化优秀产品发掘过程的结果之一是，企业开发个性化、以人为本的优秀产品可获得回报。我们已经发现，“以社交而设计”（social by design）的产品比传统产品更具互动性，我们希望世界上更多的产品进入这个发展方向。

我们的开发平台已经帮助成千上万的企业开发出高质量、社交性更强的产品。我们在游戏、音乐和新闻等领域已经看到了颠覆性的新模式，我们预计在更多的行业看到这种“以社交而设计”的趋势。

除了提供更好的产品，一个更加开放的世界还会鼓励企业与用户直接可信地互动。有超过 400 万家的企业在 Facebook 上开通了主页来与客户对话。我们希望这种趋势也能够延续下去。

我们希望改变人们与政府和社会机构的关系

我们相信开发出帮助人们共享的工具可以实现与政府进行更加坦诚和透明的对话，给人们带来更多的直接权利，使政府官员更有责任感地对当前最严重的问题提出更好的解决方法。

通过赋予人们共享的权利，我们开始看到人们的声音可以实现有史以来最大的影响力。这些声音在数量上和音量上都在增加。它们不容忽视。今后，我们预计政府将会更加负责任地回复这些人直接提出的问题和担忧，而不是选择一小部分人所控制的中间渠道。

通过这一进程，我们相信各国都会出现支持互联网和为人民权利抗争的领导人，包括分享信息的权利，获取想要的信息的权利等。

最后，随着更多的高质量产品向个性化发展，我们预计“以社交而设计”能够进一步解决创造就业、教育、医疗等世界性问题的新服务。我们期待着能够推动这一进程。

我们的使命和业务

正如我上面提到的，Facebook 原本并无意成为一家公司。我们一直以我们的社会使命、我们创造的服务及使用 Facebook 的用户为关注核心。这与一家公众公司行事风格不同，因此我想要解释为什么这样一家公司能够作出成绩。

出于自己的意愿，我亲自编写了 Facebook 的初始版本并以此起家。自此以后，Facebook 的大部分构想与代码均出自我们团队所吸引来的精英。

大多数成功人士都旨在建立并将自身融入伟大的事物，但他们同样希望赚钱。通过建立起团队——同时建立一个开发者社区、广告市场和投资基地，我深深感受到，成立一家实力雄厚的公司是将人们联系起来、解决重要问题的最好办法。

简而言之：我们不是为了金钱而创造服务，而是利用金钱构建更好的服务。

同时我认为这是构建某些事物的有效途径。如今越来越多的人希望能够体验一种公司的服务，这种公司有一些信仰，而不仅仅是利润最大化。

通过专注于我们的使命和提供更好的服务，我们相信我们将为股东和合作者在长期合作中创造出最大的价值——这些反过来能帮助我们吸引更优秀的人才以及提供更好的服务。我们每天醒来的第一件事不是赚钱，而是实现我们的使命——建立一个强大的、有价值的公司。

这也是我们考虑 IPO 的理念，我们上市是为了雇员和投资者。当我们给予他们股权时，我们承诺将竭尽全力使这些股权增值并可以流通，IPO 兑现了我们的承诺。当我们成为一家公众公司，我们将对新投资者作出相似的承诺，并努力使之兑现。

黑客之道

为建立一家实力雄厚的公司，我们努力将 Facebook 打造成一个最好的平台，在此平台上，伟大的民族可以对世界产生重大影响，并与其他伟大民族互相学习。我们孕育了一个独特的文化和管理模式，并将其称为“黑客之道”。

媒体将“黑客”这个词描述为侵袭电脑的一类人，因此“黑客”被不公平地冠以消极的意思。事实上，黑客仅仅意味着迅速构建事物，或对可及的边界进行测试。正如大多数事物一样，黑客可以善恶兼施，但绝大多数我所见的黑客则希望对社会产生有益的影响。

黑客之道是创造的一种方式，包括持续的改善和不断的重复。黑客们相信有些东西可以永远精益求精，并且所有事物皆无止境。他们正是去修复这些东西，经常面对认为这是不可能的或是满于现状的人。

黑客们试图通过迅速释放与学习更少的迭代，从而在长期建立最好的服务，而非一次做到每件事。为证实这一说法，我们构造了一个试验框架，在任何给定的时间内，它都可以提炼出成千上万个 Facebook 版本。我们的座右铭是“付诸实践比追求完美更重要”，并将这句话贴在墙上提醒我们永不止步。

黑客之道还是与生俱来并自觉活跃的准则。黑客们不是为一个新的理念是否可行或构建事物最好的方式是什么而每日争论不休，而是刻画原型并检验是否有效。在 Facebook 的办公室内听到最多的黑客标语便是“代码胜于雄辩”。

黑客文化开放并面向精英阶层。黑客们相信最佳理念与实践能始终赢得胜利——而非那些善于为创意游说或操纵公众的人。

为鼓励这种方式，每隔几个月我们会举办一次“黑客马拉松”，所有人用自己的创意开发产品模型。在活动最后，整个团队一起检验所有成果。Facebook 许多最为成功的产品都出自“黑客马拉松”，例如时间线、聊天、视频、我们的移动开发框架以及包括 HipHop 编译在内的最重要的基础框架。

为确保这种黑道方式都为我们的工程师所用，我们要求所有的新入职工程师，甚至包括本职工作并非编码的管理人员，都要经过 Bootcamp 项目的培训，从中学习我们的代码、工具以及方法。许多业内人士身为管理层不愿亲自编码，然而我们所需的是愿意接受且能够通过此培训的员工。

以上事例都事关工程，我们取其精华并概括为五项运营 Facebook 的核心价值观：

关注影响

若要产生最大影响，最好的方式是确保我们始终将焦点放在解决最重要的问题。看似简单，但我们认为大部分公司做得并不好并浪费大量时间。我们期望 Facebook 的所有成员都善于发现那些最重大的问题并加以处理。

快速行动

快速行动使我们能够开发更多产品，更快地进行研发。但是大多数公司在发展中，大大放缓他们的脚步，因为比起缓慢发展而错失良机，他们更害怕犯错。我们信奉:“快速行动，打破成规。”如果永远固守常规，很可能无法发展得足够迅速。

大胆创新

创造优秀的产品意味着冒险。这些令人胆怯的冒险阻止了大多公司勇敢尝试新鲜事物的步伐。然而，在瞬息万变的世界中，不去挑战风险必然导致失败。我们的另一个座右铭是:“最有风险的事就是不去冒险。”我们鼓励每个人做大胆的决定，即使那意味着失误。

保持开放

我们相信更加开放的世界是更好的世界，因为人们掌握更多的信息，能够作出更好的决定并产生更远大的影响。这同样也适用于公司的运营模式。我们努力确保 Facebook 的所有成员能够尽可能多的接触公司信息，由此作出最佳决定并对公司产生最好的影响。

构建社会价值

再次重申，Facebook 的存在是为了让世界更加开放，连接更加紧密，而非仅仅是建立一个公司。我们期待 Facebook 的每一个人在做任何事时都关注如何为世界创造真正的价值。

感谢各位抽出宝贵的时间阅读此信，我相信我们将有机会对世界产生重大影响并建立一个长盛不衰的公司。我期待与你们一起建立一个伟大的事物。